FEMINISMO NO COTIDIANO

Bom para mulheres.
E para homens também...

Proibida a reprodução total ou parcial em qualquer mídia
sem a autorização escrita da editora.
Os infratores estão sujeitos às penas da lei.

A Editora não é responsável pelo conteúdo deste livro.
A Autora conhece os fatos narrados, pelos quais é responsável,
assim como se responsabiliza pelos juízos emitidos.

Consulte nosso catálogo completo e últimos lançamentos em **www.editoracontexto.com.br**.

FEMINISMO NO COTIDIANO

Bom para mulheres.
E para homens também...

MARLI GONÇALVES

Copyright © 2019 da Autora

Todos os direitos desta edição reservados à
Editora Contexto (Editora Pinsky Ltda.)

Capa e diagramação
Gustavo S. Vilas Boas

Coordenação de textos
Carla Bassanezi Pinsky

Preparação de textos
Lilian Aquino

Revisão
Bruno Rodrigues

Dados Internacionais de Catalogação na Publicação (CIP)

Gonçalves, Marli
Feminismo no cotidiano : bom para mulheres. E para homens também... / Marli Gonçalves. – São Paulo : Contexto, 2019.
160 p.

ISBN: 978-85-520-0150-8

1. Feminismo 2. Feminismo – História
3. Feminismo – Ensaios I. Título

19-1282   CDD 305.42

Angélica Ilacqua CRB-8/7057

Índice para catálogo sistemático:
1. Feminismo

2019

Editora Contexto
Diretor editorial: *Jaime Pinsky*

Rua Dr. José Elias, 520 – Alto da Lapa
05083-030 – São Paulo – SP
PABX: (11) 3832 5838
contexto@editoracontexto.com.br
www.editoracontexto.com.br

Sumário

1. COMPREENSÃO   8

Feminismo:
diga seu nome. Identifique-se   9

O que é, o que é?   12

É bom saber   28

Construindo o futuro   35

2. ATENÇÃO 40

Emergência: contra a violência 41

Frente de batalha 49

A mulher, vítima, busca a Justiça.
   Precisa encontrá-la 52

Ansiedade ou saúde 57

Sangue, calores, dores 61

Ter ou tirar? 66

Tem de casar? Ter filhos? É obrigação? .. 71

Velhas de guerra 75

3. AÇÃO 78

Feminismo x machismo 79

Feminismo sob ataque 84

"Sou feminista" 87

Sem submissão, inflexões e reflexões .. 90

"O que é que elas estão querendo mesmo?" .. 92

Femininas e feministas 94

Comunicação e a guerra da linguagem .. 98

O outro lado: para mudar de ideia 101

Grita mais alto quem tem a razão? 107

4. MOVIMENTAÇÃO   110
   Política feminista, feministas na política   111
   Mexeu com uma, tem de mexer com todas   119
   #Nãoénão, *#metoo*, #eutambem:
      contra o assédio sexual   122
   O feminismo em tempos digitais   130
   "Mulheres fortes transpiram"   138

5. CONVÍVIO   142
   Separação de papéis   143
   A criança feminista   149
   A dona de casa feminista   151
   A profissional feminista   154
   As jovens "modernas" e "descoladas"   156

1
Compreensão

FEMINISMO: DIGA SEU NOME. IDENTIFIQUE-SE

Feminismo. Está entre nós, espalhado, misturado. Demorou, caminhada longa. Vem ainda se moldando lentamente nesta passagem, adequando-se ao tempo, aos costumes, mas já está muito bem instalado. Agora o que precisa é que seja compreendido em sua plenitude. Que seja bem entendido, por homens e mulheres, porque não diz respeito só a um ou ao outro. Diz respeito a todos. Só assim poderá seguir seu caminho, desenvolvendo-se para a construção de uma sociedade justa, com oportunidades iguais, em que homens e mulheres não só convivam pacificamente, como também edifiquem juntos os alicerces fundamentais para o futuro. Não há mais volta aceitável nas conquistas do feminismo, a cada dia mais importantes e reconhecidas, e, sem as quais, acredite, não haveria qualquer possibilidade de progresso, bem-estar social, desenvolvimento humano ou justiça. Até mesmo a própria humanidade não poderá assim ser chamada enquanto a mulher for tratada como inferior.

O feminismo faz parte de nosso dia a dia, de nossa existência, de todos nós, homens, mulheres e crianças – estas, inclusive, desde cedo, devem ser orientadas e educadas já sob esse novo prisma, sedimentando a cultura da diversidade, da igualdade de gênero, do respeito entre as pessoas, das liberdades individuais, dos direitos humanos.

Precisamos lembrar momentos nos quais a luta feminista, a participação das mulheres, só elas ou ao lado dos homens, foi fundamental, inequívoca, conseguindo mudar os rumos da História. Recordaremos aqui alguns fatos, anseios, passagens, o enredo de como o feminismo mudou e mudará cada dia mais a cara da sociedade, mesmo que em seu nome se gerem ainda tantas controvérsias, em grande parte frutos da incompreensão.

Vamos transitar do entendimento ao convívio, ressaltar o que falta, as ações mais emergenciais, as movimentações e as observações de como se dá a jornada feminista. Veremos algumas das grandes questões e temas que afetam a todos, mas inicialmente ligados à condição feminina. O que as mulheres têm de tão igual e, ao mesmo tempo, de tão diferente que se faz necessário desenvolver políticas específicas, focadas, dirigidas a elas. E, finalmente, as propostas para que comportamentos e valores culturais ultrapassados sejam modificados.

Tratar da necessidade diária do feminismo é tratar de episódios e situações conhecidos por todos, por vezes na própria carne, difíceis, vivenciados por alguém da família ou amigo. Como dizem, na teoria, a prática é outra. Então, sem muita falação sociológica, citações ou teses, porque comentaremos a vida, a realidade. Este livro não é um estudo sobre o feminismo. É uma constatação. Um registro, não completo, porque seria quase impossível, mas tão abrangente quanto pode ser.

Aqui, o mais próximo do dia a dia.

O feminismo no cotidiano.

O QUE É, O QUE É?

O feminismo deve ser compreendido a partir da realidade, evitando levar em conta posições de antemão desafetas, de política de lá e de cá, fato que infelizmente tem provocado muita confusão, e não só no Brasil. É chegada a hora de todos se desarmarem de preconceitos. Todos. Homens e mulheres, inclusive as feministas. Isso não é uma guerra. Não é uma disputa, embora estejam em jogo espaços, terrenos, mas que não são só físicos. São culturais, sociais, filosóficos, de convivência. Não pode haver lados, não há contrários. Devem ser descartados os atritos que afloram de tal forma que prejudicam o bom entendimento, especialmente quando se tenta colar conotações falsas, irreais, sem sentido, e algumas, até mesmo, cruéis ao feminismo, que, desde o início – quando as mulheres começaram a se unir para reivindicar consideração e respeito –, precisou guerrear.

As coisas são bem mais simples, lógicas. O feminismo é um ideal e um movimento real, uma forma de pensamento e busca de ação abrangente para promover cada vez mais a igualdade de oportunidades entre mulheres e homens. Igualdade essa que, na prática, deveria já estar reconhecida e se manifestar com naturalidade em todos os campos – políticos, filosóficos e sociais. Mas, como isso não ocorre, ainda é necessário apontar, ressaltar, reunir, aparar as arestas até que o equilíbrio se estabeleça.

Feminismo é conhecimento e, acima de tudo, uma prática diária, constante, que precisa ser exercida de forma saudável e tranquila tanto por homens quanto mulheres. Requer respeito. Defende as mulheres, sim. Mas, na verdade, defende a todos: se as mulheres não forem plenas, os homens também não o serão.

Quem ainda pode ser contra a participação ampla das mulheres na sociedade? Quem ainda pode ser contra que elas possam exigir respeito, consideração e igualdade de direitos, inclusive salariais, com ganhos iguais aos dos homens nas mesmas funções? Quem pode negar às mulheres a possibilidade de se expressar livremente? Quem pode fechar os olhos para as situações nas quais as mulheres são as principais vítimas? Por que ainda negar-lhes o poder de decidir sobre seu próprio corpo?

Para começar, homens e mulheres podem e deveriam se declarar feministas.

A sociedade justa precisa ser construída por todos. "Feminista" é um bom adjetivo para se definir, para chamar alguém, seja mulher ou homem. Acredite.

Entendendo sua essência e sua história, será possível aprender cada vez mais e, enfim, ter orgulho de se definir como feminista.

Surgido no século XIX, o feminismo, inicialmente, concentrou sua luta por direitos políticos como o sufrágio, o voto feminino e pelo direito à escolaridade em igualdade de condições com os homens.

A "Segunda onda" – como ficaria conhecida a subsequente fase das lutas feministas – ganhou força na década de 1960 no mundo e no Brasil. Entre os anos 1960 e 1980, impulsionaria o surgimento de diversas organizações feministas. Os problemas específicos que afetavam as mulheres passaram a ser debatidos com mais envolvimento e interesse político. As lutas se ampliaram quando ficou claro que era preciso assegurar às mulheres maiores oportunidades também no mercado de trabalho, garantir a existência de creches onde elas pudessem deixar seus filhos em segurança quando saíssem de casa para trabalhar, alertar para o direito a salários iguais no desenvolvimento das mesmas tarefas. O feminismo dessa época ainda deu voz a discussões como a desigualdade racial, a falta de representatividade feminina na política, a necessidade de ampliação de direitos legais, muitos negados à mulher, e a vontade de repartir com os homens o trabalho doméstico. Exigiu inclusive novas leis e mais atenção do Estado às demandas femininas.

Graças a essa luta, maiores direitos acabariam sendo garantidos por lei. Por exemplo, a obrigatoriedade de creches em empresas e estabelecimentos em que trabalhem pelo menos 30 mulheres com mais de 16 anos de idade, assim como a obrigação de manter local apropriado para amamentar. A exigência pode ser suprida de diversas maneiras conforme as condições de cada local. Outra vitória legal foi o Estatuto da Mulher Casada, de 1962, que modificou a condição das esposas, antes consideradas "relativamente incapazes" – o que fazia delas dependentes da autorização de seus maridos para trabalhar, realizar transações financeiras e fixar residência. Sim, o feminismo buscava resgatar as mulheres de suas vidas ainda comandadas pelos homens, pelos seus ditames.

    A "Segunda onda" foi fortalecida em um momento de convulsão social e revolução cultural que ocorria em várias partes do mundo. Integrou-se à interessante busca essencial das liberdades individuais e do comportamento. Era a época do "amor livre" (das amarras do casamento tradicional), do "paz e amor" (contra as guerras que grassavam pelo mundo). Os costumes passavam por profundas e marcantes transformações no sentido de maior liberdade individual. O feminismo, no meio de tudo isso, precisava chamar a atenção, derrubar muros, iluminar mentes, apontar injustiças, exigir o cumprimento das novas diretrizes.

Na América Latina politicamente conturbada da época, ditaduras militares instaladas, forte repressão, mortes, torturas, luta armada, guerrilhas urbanas e rurais. O feminismo no Brasil acabou se unindo às lutas comuns pela libertação e pelas pautas sociais contra a ditadura militar, aproximando-se, então, de movimentos e partidos de esquerda. Por conta disso, também durante muitos anos, o movimento manteve-se bastante "engolido" em várias de suas reivindicações específicas, ligadas, diretamente, à condição feminina, como o direito ao aborto, à sexualidade, ao prazer, entre outras, que eram consideradas "burguesas", contrarrevolucionárias. "A luta é uma só" – era o mote de várias organizações de esquerda.

Só nos meados dos anos 1970, coincidindo com a instituição, pela ONU, do Ano Internacional da Mulher, em 1975, o feminismo começou a reaver seus caminhos e conceitos específicos. Vários grupos exclusivamente femininos foram formados em associações e sindicatos. Surgiram o Centro da Mulher Brasileira e as Associações de Mães e Donas de Casa, e foi realizado o Congresso da Mulher Metalúrgica, entre outros encontros e atividades e variadas formas de organização e troca de ideias. Buscava-se dar voz às suas demandas. Surgiram jornais, como o declaradamente feminista *Nós Mulheres*, que tratavam da situação feminina e demonstravam as particularidades das discussões sobre a presença da mulher nos vários campos, nas mais variadas profissões, suas alternativas e formas de participação conjunta na sociedade.

Hoje, já estamos na que é chamada "Terceira onda", ou "Feminismo 3.0", fase contada a partir de 1990 que procura aprofundar alguns temas mais sensíveis, chegando de maneira mais incisiva às discussões ligadas à sexualidade. Continuam na pauta o combate às variadas formas de violência e de submissão, a liberdade de escolha e a ampliação dos direitos reprodutivos e dos direitos sexuais. O parágrafo 96 da plataforma de ação assinada por 189 delegações mundiais, incluindo a brasileira, em 1995, durante a IV Conferência Internacional da Mulher, em Pequim (China) tratou desses direitos:

> Os direitos humanos das mulheres incluem seu direito a ter controle e decisão, de forma livre e responsável, sobre questões relacionadas à sexualidade, incluindo-se a saúde sexual e reprodutiva, livre de coerção, discriminação e violência. A igualdade entre mulheres e homens, no tocante às relações sexuais e à reprodução, incluindo-se o respeito à integridade humana, requer respeito mútuo, consentimento e divisão de responsabilidades pelos comportamentos sexuais e suas consequências.

As reivindicações sobre os direitos reprodutivos passaram a incluir poder decidir livremente sobre ter filhos e quantos, dispondo das informações e de todos os cuidados indispensáveis que acompanham essa decisão, inclusive um serviço de saúde adequado – o acesso a métodos contraceptivos, de um lado, e, por outro, ao tratamento da infertilidade. A garantia desses direitos envolve toda a sociedade e o Estado, pois necessita de apoio das áreas de saúde e educação e a presença garantida e respeitada no ordenamento jurídico. A plataforma de ações inclui também a licença-maternidade e o acesso a creches e a pré-escolas para as crianças, por exemplo, além de deixar mais clara a necessidade da participação dos homens na criação e no cuidado com os filhos.

As fronteiras se ampliaram e cresceu o reconhecimento efetivo de que o movimento feminista deveria abranger e acolher as muitas cores, etnias, orientações sexuais, nacionalidades, religiões, origens econômicas e culturais. Hoje, o movimento feminista se apresenta vibrante e abrangente – e, talvez por isso mesmo, voltamos a assistir a um recrudescimento da oposição a ele.

Para concretizar sua aplicação e suas reivindicações, em seu nome surgem lideranças, grupos, associações, conclamação para protestos. Dentro da mesma manifestação do movimento feminista, como em tudo, são abrigadas diversas vertentes, algumas mais radicais, outras mais contemporizadas, flexíveis. Mas todas são apresentadas à sociedade de forma honesta, transparente e com o mesmo objetivo maior como fundamento. O feminismo do século XXI é essencialmente democrático, e o seu desenvolvimento propicia que seja sempre alimentado por inúmeros temas, e, mesmo que alguns soem desconfortáveis, eles precisam vir à tona, à luz do Sol.

Um pouco menos de paciência com a lentidão da tomada de decisões favoráveis às antigas reivindicações também transparece. Grupos combativos apresentando formulações mais radicais surgem em todo o mundo, expondo-se de forma midiática e, embora pequenos, fazendo uso de técnicas de marketing que conseguem obter grande visibilidade às suas pautas. Essa visibilidade, entretanto, nem sempre conta a favor, porque, para muitos, é demasiado chocante. Contudo, são táticas que precisam ser entendidas em seus contextos específicos como mecanismos de defesa e de garantia dos direitos das mulheres. Esses grupos fazem parte, como vários outros, da enorme diversidade, do leque de temas relacionados atualmente à condição feminina e à sua busca por respeito e por reconhecimento social.

Fortemente combatidos e reprimidos, vários desses grupos têm e tiveram suas integrantes presas ou envolvidas em escândalos e em polêmicas. Exemplos: o Femen, criado na Ucrânia em 2008, que se manifesta sempre com mulheres com os seios descobertos e flores na cabeça. Já esteve mais em evidência, sempre com imagens de suas integrantes esperneando e sendo arrastadas pela repressão em protestos realizados em grandes eventos públicos; o *Riot Grrrl*, movimento *punk* feminista *underground* formado na década de 1990 em Washington, Estados Unidos, que combina uma visão social feminista com um estilo musical agressivo; o Pussy Riot, grupo *punk* feminista russo que se tornou bastante conhecido por realizar *flashmobs* de provocação política em Moscou, repercutindo mundialmente ao protestarem contra o estatuto das mulheres na Rússia, contra o autoritarismo do governo, contra o *establishment*.

No Brasil, temos a Marcha das Vadias, que não chega a ser exatamente um grupo, mas um evento feminista anual, com inspiração internacional e com calendário agendado em várias cidades. Promove a luta pela liberdade de expressão, pelo direito das mulheres de escolher a roupa que usam, o tamanho de suas saias, o corte ou o penteado de seus cabelos etc., sem que isso seja desculpa para assédio, ataques sexuais ou de qualquer outra violação. Manifesta-se contra a misoginia, o ódio, o desprezo e o preconceito contra as mulheres, contra a violência, contra a chamada "cultura do estupro" (nome dado aos valores e costumes existentes na sociedade que alimentam a violência contra as mulheres, jogam a culpa nas próprias vítimas e consideram normais ou perdoam com facilidade comportamentos abusivos e sexualmente violentos dos homens).

 A primeira Marcha das Vadias, ou *SlutWalk*, ocorreu em 2011 em Toronto, no Canadá, em protesto contra um policial que negara proteção a uma estudante atacada, sugerindo que ela teria provocado o ataque pela roupa que usava, como se vestir ou não de qualquer forma que seja autorizasse a violência. Como se a violência ocorresse por conta das roupas, e não pela relação de poder que se estabelece entre agressor e vítima. Desde então, as marchas multiplicaram-se em todo o mundo, organizadas por jovens feministas por meio de redes sociais.

Aliás, vale lembrar que o desenvolvimento da internet e o surgimento das redes sociais têm sido de grande valia para a maior integração das mulheres, servindo como fonte de comunicação e informação, troca internacional de experiências, criação de redes de proteção, mobilização, espaços para discussão, crescimento e consolidação do feminismo.

A Marcha das Vadias agrega mulheres de muitos tipos e conta com a presença de homens simpatizantes da causa. Para chamar a atenção para suas mensagens, algumas manifestantes costumam surgir seminuas nas ruas em atitudes mais radicais, atraindo maior cobertura da mídia, especialmente em imagens. Atraem também comentários desairosos, claro. Por isso, muitas vezes a Marcha das Vadias é citada de forma exagerada por detratores do feminismo, que invocam também o termo "vadias", mas para desqualificar suas militantes.

Contudo, o termo foi escolhido de propósito. Como as próprias organizadoras do evento explicam, elas adotam o termo para "expor os preconceitos, machismo e moralismo que estão embutidos nele", já que "vadia" é uma palavra usada "de forma pejorativa para criticar somente mulheres (homens não são considerados vadios [ou seja, o sentido da palavra na forma masculina não tem acepção ligada à sexualidade]) e constrangê-las a assumir um papel de gênero bastante restritivo". Pois "basta a mulher fazer algo que não agrada às pessoas que logo é chamada de 'vadia', mesmo que esteja com a razão. É contra essa cultura que lutamos, porque ela legitima a violência e fere a liberdade das mulheres de serem quem desejam ser, da forma que quiserem".

Resumindo, o movimento feminista passa por variações culturais de acordo com a época histórica e a região onde se elabora e se desenvolve, ficando sempre mais visível quando ocorrem fatos que chegam à opinião pública e motivam a discussão e a união das mulheres, muitas vezes em protestos nas ruas. Obviamente, uma parte da cobertura midiática de determinadas manifestações sai enviesada – quando, por exemplo, se ressaltam imagens mais fortes, polêmicas, ou quando se utilizam de nus, por exemplo, de modo a erotizá-los. Isso se espalha de forma descontrolada, impulsionado pela alarmante disseminação de *fake news*, notícias e informações falsas, também alimentadas nas redes sociais. Maliciosamente, transformam-se fatos positivos em desagradáveis controvérsias.

Vale lembrar, neste ponto, que, por mais estranho que possa parecer, muitos temas significativos que afetam as mulheres ainda não estão integrados à cobertura jornalística como deveriam, considerando que elas representam mais da metade da população. Portanto, é necessário criar motivos e chamar a atenção para situações e eventos de forma que o assunto não se perca e continue em pauta. Nesse sentido, o Dia Internacional da Mulher, 8 de março, vem sendo a data mais significativa para o feminismo. Hoje, já é bastante abrangente, pois, pelas reportagens (e também propagandas, promoções, pautas, movimentações etc.) dedicadas a essa data, os olhares do mundo se voltam às mulheres para perceber avanços, diferenças, recuos, ouvir casos, divulgar dados, fazer comparações, apresentar estatísticas. Um importante momento de atenção.

É BOM SABER

Pare. Olhe. Olhe para os dois lados. Atravesse. Converse. Puxe conversa. Ouça. Fale com todas as mulheres. Pense. Perceba. Principalmente se ainda tiver dúvidas. Isso vai ajudar a saber que existem condições comuns a todas as mulheres, por mais que estas sejam ou pareçam diferentes. E vai ajudar a saber também que existem condições diversas.

Os sentimentos, a força, a capacidade. Quais são seus medos, como e quando dormem, como comemoram suas conquistas, como sofrem e lidam com suas vidas, muitas vezes sozinhas, como amam, às vezes até demais, mais do que a própria vida, como são capazes de se sacrificar por outrem. Assim como também podem ser capazes de abdicar de tudo o que têm em prol de um desejo de avançar por novas estradas. Muitas precisaram fazer isso, seguir adiante sem olhar para trás, largando tudo por conta de tantas resistências que precisaram enfrentar, e assim, seguindo, mudam seus próprios destinos. Ao mesmo tempo que há identificação, há também diversidade. Cada mulher sabe ser única. Se todas pudessem se entender, todas seriam feministas.

Feminismo também passa pelo registro do orgulho de ser mulher, de perceber essa complexa capacidade de dar conta de múltiplas tarefas. Principalmente de sobreviver às adversidades. Não há como não respeitar a força de muitas mães. Os sacrifícios que fazem para propiciar bons destinos aos seus filhos, destinos diferentes daqueles por elas vividos. Mais e mais mulheres a cada dia apoiam outras, especialmente as mais jovens em busca de oportunidades, e que procuram ambientes menos hostis.

No Brasil, um pouco mais de 40% das famílias são chefiadas por mulheres. Sinal de independência? Opção ou obrigação? É bom lembrar que, na maioria dos casos, a chefia familiar feminina ocorre em condições precárias. Mulheres de baixa renda são abandonadas à própria sorte e ficam sobrecarregadas, com o sustento dos filhos (e muitas vezes, de netos!) sob sua responsabilidade. O número de famílias chefiadas por mulheres dobrou em termos absolutos (105%), subindo de 14,1 milhões, em 2001, para 28,9 milhões, em 2015; as famílias chefiadas por homens, por sua vez, aumentaram somente 13%, passando de 37,4 milhões para 42,4 milhões. (O total de famílias brasileiras aumentou 39% em 15 anos, passando de 51,5 milhões, em 2001, para 71,3 milhões, em 2015.)

Quantas histórias você conhece, inclusive, de mulheres que se viram obrigadas – sim, para muitas não houve opção – a se prostituir para criar filhos? Aliás, o tema prostituição continua sendo um dos mais difíceis. Sempre carregado de forte preconceito, o qual dificulta a simples menção de que deveria ser profissão reconhecida, com direitos garantidos. Chamada convencionalmente de "mais antiga do mundo", é uma espécie de profissão fantasma; existe, cumpre seu papel ainda sem amparo legal. No Brasil, a troca consentida de favores sexuais por dinheiro não é considerada crime (só é crime o rufianismo – artigo 230 do Código Penal –, ou seja, tirar proveito da prostituição alheia, participando diretamente de seus lucros ou fazendo-se sustentar, no todo ou em parte, por quem a exerça). Contudo, as prostitutas são socialmente marginalizadas.

A possibilidade de registro da profissão chegou ao Congresso na forma do Projeto de Lei 4.211/2012, mas se perdeu ali naqueles corredores onde ainda predominam homens. Todos, incluindo as mulheres eleitas, não mostram muita disposição para se indispor com suas bases eleitorais conservadoras. Aliás, a pauta legislativa relativa à ampliação dos direitos das mulheres é mínima, deixada de lado em meio a discussões políticas de temas propostos por uma representação parlamentar ainda de ampla maioria masculina, o que dificulta muito a sua aceitação e a sua tramitação. Por mais que se fale em diversos assuntos, eles ainda rareiam nos projetos diretamente ligados à mulher e efetivamente levados à aprovação (vide as questões da legalização do aborto, da penalização dos casos de violência contra a mulher e da implementação das medidas protetivas). Isso sem falar nos direitos conquistados e já garantidos por lei que são constantemente ameaçados de retrocesso, dependendo da força de bancadas conservadoras em cada legislatura.

Muitas mulheres pioneiras rompem barreiras quando se sentem aptas a pisar em novos terrenos, não aceitando os limites que ainda hoje atravancam seu desenvolvimento e seus caminhos. Vemos várias nos esportes, na ciência, em áreas antes dominadas apenas por homens. Para compreender toda essa movimentação das mulheres, temos de observar como andou a História. É somente com organização e pressão que ocorre a evolução, que cada passo é dado. Muito se deve ao feminismo para iniciar a tomada de decisões, para influenciar e traduzir a vontade de uma parcela da sociedade, registrar as falhas, as injustiças e apontar soluções. Vem sendo assim para as mais variadas ações.

Como dizia no início deste tópico, converse. Puxe conversa. Ouça. Fale com todas as mulheres que puder. Não pode haver dúvidas. Com cada vez mais mulheres ultrapassando barreiras, outras virão, e as condições que encontrarão serão aperfeiçoadas.

Cabe a cada um e uma de nós compreender o que podemos fazer uns pelos outros. Só com a igualdade avançaremos mais, daí ser fundamental depender de maior entendimento. É preciso identificação e compreensão de que há ainda forte desequilíbrio entre as formas de tratamento para mulheres e homens, que as mulheres ainda enfrentam maiores dificuldades de acesso ao mercado de trabalho, mais preconceitos, além de estarem mais expostas e sujeitas a agressões e à violência, dentro e fora de casa.

O feminismo que vive entre nós perpassa nossos dias, e, por meio dele, buscamos nos entender. Sua prática requer lealdade, uma boa dose de amor próprio e capacidade de atuar de acordo com princípios e se adaptar. É quase uma obrigação buscar ajudar outras pessoas a também serem solidárias, respeitosas e dignas.

Nessa busca de melhorar a qualidade de vida e de desfrutar a liberdade de decidir o caminho, também é preciso ser dito que ninguém tem que tatuar na testa a palavra "feminismo" ou mesmo qualquer outra tese na qual acredite. Se as pessoas puderem ao menos compreender a dimensão da realidade, respeitarem-se, não precisarão ser mestres-salas e porta-bandeiras rodopiando na avenida. Apenas viverão; as vantagens estarão visíveis e consolidadas.

CONSTRUINDO O FUTURO

Há muito o feminismo se afirmou como necessário, fundamental, associado à vida tanto de homens quanto de mulheres. A tal ponto que o substantivo "feminismo" também deveria ser verbo, porque ele é – ou deveria ser – sentido e praticado todos os dias, na análise dos fatos e nos momentos de nossas vidas. É uma prática diária, consciente ou inconsciente.

Mas isso – essa visão real, positiva e otimista – infelizmente ainda é restrito a alguns círculos, verdade circulante no meio intelectual. É preciso que se abra, com cada vez mais urgência, à compreensão de mais pessoas, outros públicos, classes sociais, que se apresente claramente e de forma pacífica o grande desafio.

Ao longo destas páginas, que buscam demonstrar a presença do feminismo no cotidiano, teremos de relembrar que as mulheres ainda hoje enfrentam dificuldades, mas que sua situação já foi pior. Não votavam, não tinham direitos garantidos, a tudo suportavam, dependendo sempre do aval, da aprovação e do consentimento masculinos. Não eram incentivadas a estudar ou não eram aceitas facilmente em várias áreas profissionais, tendo que romper barreiras gigantescas. Parece estranho ter de recordar fatos que, para muitos das novas gerações, são tão distantes que, desconhecidos, aparentam ser irreais.

 Às mulheres não era devido reconhecimento, ao contrário. Nasciam já com destinos reservados, obrigações de reproduzir, manter-se quietas diante de arranjos feitos por pais e maridos em silenciosas vidas domésticas. Deviam renunciar ao prazer, fechar os olhos às suas necessidades e, inclusive, nunca buscar demonstrar habilidades ou reclamar da desigualdade de condições no cumprimento das variadas tarefas. Punidas e consideradas loucas, muitas vezes internadas em hospícios por "ousadias". Parece que não, mas ainda é preciso relembrar, inclusive aos que já conheceram diretamente muitas das conquistas femininas.

O feminismo nasceu – e vem sendo desenvolvido e modificado – alimentado por essa série de impedimentos e injustiças, muitos dos quais persistem até os dias de hoje. É na pele, seja de qual cor for, com ou sem rugas, desde o nascimento, que o feminismo é vivido, podendo ser sentido, plantado, fertilizado. Ele permeia a necessidade de mudança, de constante atenção. É o alarme. Para a mulher – mesmo que muitos ainda teimem em não admitir ou ainda não saibam –, o feminismo é a forma de autodefesa, questão diária, cotidiana, surge em cada passo, sonho, acontecimento, emoção, etapa de vida, relacionamento pessoal, trabalho. O feminismo de hoje – que corre mais observado, divulgado, presente, defendido – deveria tornar possível que resultados sejam alcançados sem tantos desgastes, como os ocorridos no passado.

Geração após geração (vejam só, o feminismo já atravessou séculos representando os anseios das mulheres), passo a passo, atualizando e renovando as reivindicações e as formas de ação com o passar do tempo. E ainda vai ter sempre muito chão para percorrer.

O feminismo é um processo que envolve compreensão e participação cada vez maior de todos. Não é questão que será resolvida e acabada, sobre a qual não ouviremos mais falar. Seus ideais e suas transformações são contínuas, infinitas, assim como a busca por todos os outros diversos equilíbrios que formam a essência humana. (Ou melhor, que deveriam formar, mas é preciso que mais e mais pessoas se deem conta disso.)

Apesar dos avanços, ainda existe – mesmo nos atuais tempos tão modernos, tecnológicos, e, de alguma forma, até libertadores –, em muitos aspectos, uma desigualdade gritante entre homens e mulheres. Desigualdade que se apresenta de várias formas, e que ajuda, inclusive, a mascarar preconceitos. Corrói vontades, provoca medos e inseguranças, atrapalha planos, mantém muitas mulheres grudadas a uma condição imposta de inferioridade.

Ainda há negação das diferenças, embora elas sejam visíveis. Admitir que isso ainda ocorre já será um avanço no entendimento da importância da existência do feminismo.

E sempre haverá espaço para ele. Quer queiram, quer não. Não devíamos continuar negando isso, parando a discussão nesse ponto. É só ser, viver o dia a dia. Com consciência. É só ser mulher. Ou homens em construção. Desculpem os transtornos. O barulho que todos precisamos fazer. Contamos com a compreensão. Porque é com esse barulho que estaremos todos construindo o futuro, em reformas, para que seja sempre melhor e mais justo do que o passado.

2
Atenção

EMERGÊNCIA: CONTRA A VIOLÊNCIA

A violência contra a mulher preocupa em todos os sentidos. Mais recentemente foi estabelecido o termo "feminicídio", e assusta muito saber que o Brasil, oficialmente, foi classificado como o quinto país do mundo onde mais se comete essa forma de crime. O tema vem obtendo visibilidade especialmente porque o número de casos registrados e informados vem aumentando, demonstrando que o feminicídio ocorre em todas as classes sociais e em todas as regiões. A luz vermelha acendeu: acabar com o feminicídio passou a ser prioridade.

Em 2015, foi aprovada a Lei 13.104, que altera o Código Penal brasileiro inserindo o feminicídio em seu texto e estabelecendo que o assassinato motivado pela condição de gênero é considerado homicídio qualificado, entrando no rol dos crimes hediondos. Nosso Código Penal prevê sanção de 12 a 30 anos de reclusão para crimes hediondos, e, no caso de feminicídio, essa pena pode ser aumentada em um terço até a metade se praticado em três situações agravantes: 1) durante a gestação ou nos três meses posteriores ao parto; 2) contra pessoa menor de 14 anos, maior de 60 anos ou com deficiência; 3) na presença de descendente ou de ascendente da vítima.

Trata-se de um crime de ódio, no qual a motivação da morte precisa necessariamente estar relacionada ao fato de a vítima ser do gênero feminino, independentemente da idade. O feminicídio se refere ao assassinato de mulheres e meninas em função do menosprezo ou discriminação da condição feminina.

A violência contra a mulher, nas mais variadas formas, sempre ocorreu, mas os dados sobre ela não eram muito precisos. A questão recebia muito menos atenção da mídia, e o feminismo não destacava tanto o feminicídio como o faz agora, visando ao combate do assassinato de mulheres *por serem mulheres*. Nem toda mulher assassinada é vítima de feminicídio. Os dados oficiais agora são separados. E eles mostraram a diminuição no número de homicídios envolvendo mulheres, embora ainda, em média, uma mulher seja morta a cada duas horas. Em 2018, foram registrados 4.254 homicídios dolosos de mulheres, revelando uma queda de 6,7% em relação a 2017. Apesar disso, houve um aumento de 12% no número de registros de feminicídios. Em 2018, 1.173 feminicídios foram registrados contra 1.047, em 2017, no país. O levantamento foi apresentado pelo portal *G1*, no "Monitor da Violência", trabalho jornalístico que investiga as diversas formas de violência no país, em parceria com o Núcleo de Estudos da Violência da USP e o Fórum Brasileiro de Segurança Pública, tomando como base os dados oficiais dos 26 estados e do Distrito Federal.

Há ampla polêmica – como em quase tudo que envolve o feminismo e seus fatores – sobre essa forma específica de registro. Por isso, é preciso, muitas vezes, ressaltar o que significa o feminicídio, e a importância de, com essa nomenclatura, estarmos conseguindo apurar com muito mais precisão a sua incidência. O mesmo ocorre com o levantamento de casos ligados à homofobia. Agora é possível contar com dados específicos. Não é uma deferência, como alguns parecem crer, mas uma forma de obter indicações mais precisas e investigações específicas para que haja a aplicação das leis de proteção já existentes ou para que novas leis possam ser criadas justamente para entender e coibir esse crime.

Quatro anos após a sanção da Lei do Feminicídio, houve uma maior notificação desses casos — ou seja, mais autoridades policiais, com mais clareza, enquadraram os crimes como feminicídio, e não apenas como homicídio doloso.

Uma pesquisa sobre violência contra a mulher, realizada pelo DataFolha para o Fórum Brasileiro de Segurança Pública, ouviu 2.084 pessoas, das quais 1.092 eram mulheres, em 130 municípios brasileiros. O resultado foi um esclarecedor painel nacional sobre as agressões, suas formas, locais e perpetradores. Não é mais apenas estatística. É realidade alarmante: 536 mulheres foram agredidas fisicamente a cada hora no Brasil em 2018. Retrata uma das principais questões para a qual a sociedade, como um todo, e o feminismo, em particular, devem se voltar, insistir, trabalhar e buscar frear o mais rapidamente possível.

O Mapa da Violência de 2015 já apontava que, entre 1980 e 2013, 106.093 mulheres haviam sido mortas apenas por sua condição feminina. As mulheres negras figuraram, nesse período, como as maiores vítimas de estupro. Entre 2003 e 2013, houve aumento de 54% no registro de feminicídios, passando de 1.864 para 2.875.

Ainda estamos longe de soluções. A pesquisa do Fórum de Segurança detectou que 52% das mulheres vítimas de algum tipo de violência em 2018 ficaram caladas – e que esse número ainda pode ser maior porque podem ter se calado inclusive para a pesquisa. Concluiu-se que, das vítimas, apenas 22% foram atrás de ajuda, dando preferência a uma delegacia especializada em violência contra a mulher.

É certo que mais delegacias vêm sendo implantadas, mas ainda não cobrem o território nacional, e grande parte delas não tem capacidade de atendimento 24 horas. O Brasil possui uma delegacia com atendimento à mulher para cada 12 municípios. No total, são 499 delegacias distribuídas por 447 cidades pelo país. Desse total, 368 são unidades de Delegacia Especial de Atendimento à Mulher (Deam), que possuem serviço exclusivo, ou seja, atendem apenas mulheres, e 131 são núcleos especiais, postos ou departamentos com mais de um segmento de investigação e funcionando dentro de delegacias comuns da Polícia Civil dos estados. E não dão conta dos atendimentos, tal é a gravidade e frequência.

Ainda muitas mulheres decidem não procurar órgãos oficiais, preferem conversar apenas com a família, amigos, gente da igreja. Algumas temem ver os companheiros presos, preocupam-se com os filhos, desconhecem a legislação, ou acreditam ser uma opção mais radical e sem volta procurar a polícia, a Justiça.

Buscar dar maior visibilidade à questão da violência – uma das principais tarefas do feminismo – e clamar sempre por políticas públicas de segurança para a mulher têm obrigado as autoridades a voltar bem mais a sua atenção para o problema.

A Lei Maria da Penha – assim batizada em homenagem à Maria da Penha Maia Fernandes, que ficou tetraplégica após ter sido espancada pelo marido e se tornou um símbolo da luta contra o silêncio da violência doméstica – foi um dos maiores avanços obtidos. Instituída em 7 de agosto de 2006, a Lei 11.340 tornou mais rigorosa a punição para agressões contra a mulher quando ocorridas no âmbito doméstico e familiar. Com ela, a violência doméstica passou a ser tipificada como uma das formas de violação aos direitos humanos. Os crimes relacionados passaram a ser julgados em varas criminais, até que sejam instituídos os juizados de violência doméstica e familiar contra a mulher nos estados. A subnotificação dos casos que ainda persiste, no entanto, já diz muito sobre a condição de medo e insegurança imposta pela violência contra a mulher. Para se ter uma ideia, apenas 5 das 124 vítimas de feminicídio no estado de São Paulo, entre março de 2016 e março de 2017, haviam registrado anteriormente algum boletim de ocorrência contra o agressor, embora as agressões fossem constantes. Os números oficiais são mesmo estarrecedores. Além disso, fora os casos não registrados, ainda pouco se discute as sequelas físicas e psicológicas por toda a vida. As crianças também são atingidas, pois assistem à crueldade dentro de suas próprias casas. Tiros, facadas, espancamento, cárcere privado, ameaças.

Cerca de 16 milhões de mulheres com mais de 16 anos foram vítimas de algum tipo de violência em 2018, de acordo com a já citada pesquisa encomendada pelo Fórum de Segurança Pública. As principais vítimas foram mulheres na faixa de 16 a 34 anos (76% dos casos). De 2017 para 2019, o percentual de mulheres que afirmaram ter sido agredidas por pessoas conhecidas, como companheiros ou ex-companheiros, vizinhos e familiares, aumentou de 61% para 76%. Os crimes ocorrem com mais frequência na casa da vítima (42%).

Pelo que se percebe, por também estarem mais em evidência e com punições mais rápidas e precisas, os registros de casos de assédio sexual se mantiveram estáveis em dois anos. Constatou-se, contudo, que as mulheres continuam a ser importunadas em transportes e nas atividades públicas — 8% relataram ter sido vítimas em transportes coletivos, ante 6% em festas e outros eventos.

No geral, os tipos de ataques mais reportados foram ofensas sexuais, insultos, humilhações ou xingamentos, ameaças, perseguição, socos, tapas, empurrões ou chutes. Violências essas praticadas principalmente por pessoas conhecidas, como cônjuges, companheiros ou namorados, vizinhos, ex-cônjuges, além dos próprios pais ou amigos. Ocorreram principalmente dentro de casa, mas também nas ruas, na internet, no trabalho, em festas, nas escolas, no transporte público. O grupo mais vulnerável está entre os 16 e 24 anos: 66% das mulheres nessa faixa etária relataram ter sofrido algum tipo de assédio; na faixa dos 25 aos 34 anos, esse índice cai para 54%; e dos 35 aos 44 anos, para 33%.

Esses dados impressionantes e os casos frequentes e estarrecedores têm tido grande repercussão e levado preocupação e incentivo às autoridades de segurança pública para que mecanismos de proteção sejam efetivados e com maior agilidade. Instituições sociais oficiais e ONGs também procuram atuar para o acolhimento das mulheres, com maior amparo para que possam ser protegidas, elas mesmas e suas famílias, de formas mais efetivas.

Ao feminismo cabe ampliar a divulgação dos casos, aumentar a pressão por soluções, propiciar maior esclarecimento em conversas diretas com toda a população, para que seja toda ela, todos nós, o maior alarme contra a violência que demonstra de forma cabal o desrespeito e desigualdade com que ainda se vê e se trata a mulher no Brasil.

Não à violência, sim à proteção. E que isso seja feito de todas as formas. Temos que exigir das autoridades policiais um maior interesse nas investigações e na aplicação das leis. Não adianta criar leis sem garantir os meios de fazê-las serem cumpridas, sem cuidar da sua efetiva implementação, sem guarida e proteção real às vítimas e sem a punição exemplar dos agressores.

Temos todos de saber, tomar consciência, interferir, sim, sempre que for possível. Correr a dar socorro enquanto é tempo. E jamais se calar, sob risco de o silêncio levar à progressão dos ataques e às mortes.

FRENTE DE BATALHA

Há uma forte relação entre a maior independência das mulheres e as tentativas de se frear essa evolução. E daí também a importância de se romper o mais rápido possível com essa situação insustentável de violência contra elas. Já chegamos ao limite. É preciso recorrer à ampla mobilização e conscientização de toda a sociedade para o problema, que ainda carrega fortes traços culturais que precisam ser ajustados. Como o sentimento de posse de muitos homens que se sentem desafiados, inseguros, com medo de perder o controle sobre a companheira, esposa, namorada, irmã, filha... Muitas mulheres acabam mortas brutalmente por terem buscado dar fim a relações abusivas; são assassinadas por companheiros, ex-companheiros, namorados inconformados com a separação.

Uma das formas de alterar essa situação será ajudando a acabar com a estigmatização do feminismo. Deixar claro o que de fato é o feminismo, essa movimentação de defesa do que diz respeito aos direitos das mulheres, que diariamente está gritando contra o preconceito, a discriminação e as inúmeras formas de violência. O feminismo denuncia, busca saídas, propõe soluções para além de leis que acabam ficando apenas no papel, como os botões de pânico ainda presente em poucas localidades, a instalação de delegacias 24 horas (porque a violência não tem hora para acontecer), instalação de casas de apoio e guarida, entre outras, que precisam ser difundidas mais rapidamente.

Para quem não sabe, o botão de pânico é um dispositivo eletrônico de segurança preventiva que possui GPS e gravação de áudio criado em Vitória (ES) para ajudar o Tribunal de Justiça do estado no combate contra a violência que vitima as mulheres. Desde 2013, mulheres que se sentem ameaças pelos próprios parceiros ou por ex-maridos ou namorados contam com esse dispositivo para alertar as autoridades caso o agressor não mantenha a distância mínima garantida pela Lei Maria da Penha. O equipamento capta e grava a conversa num raio de até cinco metros, e essa gravação pode ser utilizada como prova judicial. Patrulhas policiais 24 horas podem ser acionadas para o atendimento das mulheres ameaçadas. Hoje, outros aplicativos com as mesmas finalidades estão sendo desenvolvidos e aperfeiçoados, aproveitando a tecnologia dos celulares. As casas de apoio e guarida, por sua vez, são espaços públicos que servem para abrigar e proteger adequadamente mulheres e seus filhos vítimas de violência doméstica que precisam deixar seus lares em caráter emergencial. Por questão de segurança, os endereços desses locais não podem ser revelados. Conforme o caso, mulheres e crianças atendidas nesses locais podem receber novas identidades protegidas.

Comunicação e informação constituem ferramentas indispensáveis, sempre. Uma maior conscientização, força, capacidade, participação social das mulheres, e o crescimento exponencial da consciência feminina, do seu poder e do rompimento com os papéis estabelecidos a que assistimos nas últimas décadas e que se firmou ainda mais no cenário de sucessivas crises econômicas, tudo isso é fato. As mulheres perceberam e estão fazendo com que todos percebam que sabem se virar, trabalhar, cuidar dos filhos, garantir seu sustento. Querem formar família, mas uma nova família. Têm maior consciência de seus direitos e também dos seus desejos. Não aguentam mais tantos desaforos ou reprimendas. É preciso exigir respeito a essa evolução, o que muitas vezes não tem acontecido dentro dos lares. Há ainda muita dificuldade de diálogo, situações mal resolvidas, que acabam sendo também geradoras de violência doméstica.

A MULHER, VÍTIMA, BUSCA A JUSTIÇA. PRECISA ENCONTRÁ-LA

Hoje, as mulheres estão mais preparadas a reagir contra a violência, embora não estejam imunes. Elas não são heroínas prontas a se defenderem, arranharem e lanharem a cara toda de quem as ameaça. Isso é história em quadrinhos. Não existe. Só que às vezes algumas mulheres acabam vivendo verdadeiras histórias de terror, quando acham que estão vivendo histórias de amor: quando envolvidas emocionalmente, podem se distrair e cair. Há um roteiro básico que se repete.

O amor-paixão – na paixão, a gente não desconfia, desliga os alarmes, custa a perceber os sinais. O começo do relacionamento é sempre lindo, um mundo de sonhos. Há até alguma liberdade individual, mas que, quando se está na paixão, vivendo a paixão, nem sempre se usa esse carnê-liberdade. Parece amor, parece atenção, fofinho... Mas quando a mulher quiser usar a prometida "confiança", percebe que o prazo de validade estava vencido. Aí começam as tiranias e vilanias.

O ciúme – não demora a aparecer esse bicho peçonhento que está por trás da violência e morte de tantas mulheres, ou melhor, que é usado como justificativa para tentar controlar a mulher, tolher seus passos, submetê-la a vontades que não são as dela. Ciúme (também chamado de "excesso de amor", mas que de amor não tem nada) acaba sendo usado como uma boa desculpa para as agressões crescentes.

O inferno – os dias passam a ser, assim, infernais. O tempo inteiro sendo fiscalizada, vigiada: o lado para o qual se olha, mesmo que nem exatamente olhando nada, aonde vai, o controle de seus movimentos e a insegurança crescente. A sensação asfixiante de ter sido presa em uma gaiola. O isolamento para não criar problemas com amigos e família, todos ameaçados também. A dificuldade de lidar com a situação. A dependência que acaba sendo criada, enquanto ainda há amor.

 E assim vai indo, repetidamente, empurrões, palavras duras, acusações, tapas. Reconciliação (não faça isso se estiver numa relação desse tipo, abusiva! Jamais!). Um dia, estoura de vez.

 Cada vez que ouvimos a notícia de alguma mulher morta, ameaçada ou espancada por seu marido ou companheiro é como a picada de um inseto daqueles de ferrão bem brabo. E o que é pior, todos os dias acontece, sabemos de uma, duas, e outras que nem sabemos, mas pressentimos estar acontecendo em algum ponto naquele mesmo momento, agora, neste mesmo instante. Ouvimos seus gritos. É uma tortura. Quem é sensível sofre com a história de cada uma daquelas mulheres, sendo que agora acompanhamos da forma mais real sua agonia e até seus instantes finais nas filmagens das câmeras dos locais por onde passaram ou buscaram se refugiar.

Parece que só piora com o passar do tempo, mesmo com leis de proteção importantes como a Lei Maria da Penha. Quem atua para que sejam cumpridas? Como punir exemplarmente? Como evitar que os criminosos saiam sorrindo pela porta da frente das delegacias? Na Justiça, é onde mais precisamos que seja exercitada a igualdade. Como prevenir, antes de mais nada, as agressões? É preciso saber oferecer e buscar ajuda, se for necessário. Seja ajuda pessoal, médica ou de alguma organização de apoio. Também é bom aprimorar a utilização das redes sociais para o debate, para a troca de ideias. E conhecer as leis de proteção existentes além da Lei Maria da Penha, como, por exemplo, a Lei Carolina Dieckmann, sancionada em 2012, que trata dos chamados delitos ou crimes informáticos, invasão de computadores e exposição de fotos íntimas, mais uma terrível e covarde forma de violência que pode vitimar qualquer mulher, e que tem registrado grande volume de casos.

E, falando em tecnologia, muitas vítimas, inclusive, têm buscado nela formas de se proteger, ou mesmo de provar diante da Justiça que as marcas roxas não foram quedas no banheiro, tombos nas escadas, tropeções, acidentes domésticos, mas consequências do emprego da força bruta. As mais bem orientadas, certas de que haverá (sempre há) "mais uma vez", instalam câmeras que gravam as agressões em detalhes. Tiram fotos de suas caras machucadas e postam nas redes sociais; dão entrevistas para a televisão. Criam comoção. Cada vez mais mulheres têm vindo a público, se expondo, com isso, ajudando a mostrar o caminho. Bom para elas, que obrigam juízes a dar sentenças mais reais. Bom para todas, porque mostram o quanto a violência pode estar em todos os lares, em todas as classes sociais, regiões, profissões, gente de que "ninguém nem desconfiava", como declara um vizinho ao ser entrevistado.

Contudo, é atroz caber à mulher provar que não é a traidora, a algoz, a culpada, mas sim a vítima. É ainda mais cruel a realidade de uma mulher sair sem vida de uma relação abusiva, violenta, quando já é tarde demais, ainda mais quando não pôde contar com o apoio de ninguém.

E, embora a população seja de maioria feminina, ainda é preciso enfrentar outro obstáculo: assim como acontece com outras profissões, no Judiciário há mais juízes do que juízas. Pesquisa divulgada no final de 2018: o Judiciário brasileiro é formado majoritariamente por homens, brancos, católicos, casados e com filhos, de acordo com o levantamento feito pelo Conselho Nacional de Justiça, com base na resposta de 11,3 mil juízes. Desse total, os homens correspondem a 63% dos magistrados; apenas 37% são mulheres. A participação feminina, apesar de ainda ser muito menor do que a masculina, registrou tímido crescimento, nos últimos anos. Em 1990, a participação das mulheres na magistratura era de apenas 25%. É preciso que mais mulheres venham a ser as julgadoras dos casos, pois não há como negar que elas podem ter maior conhecimento de causa, entendimento, empatia e percepção. O mesmo ocorreria com juízas negras em casos envolvendo mulheres negras; mas, pasme, por incrível que pareça não se sabe ainda quantas são. E é sempre bom reforçar: a concretização da representatividade e, mais do que isso, da diversidade no Judiciário, é de extrema importância; de toda forma, ela precisa vir acompanhada da mudança da mentalidade, de um modo geral, dos juízes que já estão lá.

Muitas ações visíveis, criativas, fundamentais podem se somar. Somente sendo mais forte, apoiado e representativo junto à sociedade civil, o feminismo obterá mais vitórias e impedirá os retrocessos.

ANSIEDADE OU SAÚDE

As mulheres têm o dobro de chance de apresentar um quadro grave de ansiedade patológica quando comparadas com os homens. Enquanto 20% delas vivenciam algum episódio depressivo ao longo da vida, 12% dos homens sofrem da doença. As mulheres têm duas vezes mais depressão do que os homens, tentam duas vezes mais o suicídio. Fatores sociais, entre outros, influenciam na evolução desses quadros.

Esses dados nos foram passados pelo médico, psicoterapeuta, pesquisador e um dos primeiros neonatologistas brasileiros, Meraldo Zisman.
Ele próprio se impressiona com o número de mulheres "simplesmente infelizes" que batem à porta de seu consultório diariamente procurando ajuda. "A maioria precisa apenas de alguém para conversar, desabafar", confidencia. "Não estão doentes. Ainda. Mas a depressão as ronda continuamente". E a depressão é porta que se abre para a entrada de muitas doenças. Para ele, o principal motivo é a pressão a que a grande maioria das mulheres se veem submetidas. A tensão apreensiva, a inquietação que nasce do fato de se sentir sempre em perigo iminente, por vezes vago, de origem desconhecida, é que leva à ansiedade. Pressão por tudo, por todos.

Um exemplo é justamente o do trabalho fora de casa, para onde a mulher em geral já vai cheia de dúvidas sobre o que deixa para trás, casa, filhos, marido. Percorre diariamente uma corrida de obstáculos. E muitas sofrem por isso. Quando encontra o trabalho, continua a procurar, porque sabe que de um momento para outro pode perder esse emprego. Seria uma falha. Aí muitas vezes também começa a agir não de acordo com o que se espera dela, mas de maneira que não perca o emprego. Pode até começar a se comportar de forma agressiva, autoritária, extremamente competitiva, repetindo os modelos de poder que tanto são criticados pelas feministas.

Não faltam mesmo, na vida das mulheres, motivos para a ansiedade. A de não conseguir. Fracassar diante de si e dos outros, da sua família. Não ser boa o suficiente, não ser reconhecida. Ser traída, abandonada. Dela será cobrada boa parte da educação dos filhos, a manutenção da casa, a harmonia e o equilíbrio familiar. Dela é cobrado ainda manter-se sempre atraente.

Para muitas há também o medo da violência doméstica, o animal indomável que habita tantas residências e que pode aparecer quando menos se espera, surgindo e apavorando.

Há o medo das ruas, dos lugares que devem ser evitados, dos abusadores e dos criminosos que procuram as pessoas de aparência mais frágil. Há o medo de perder as pessoas queridas.

Há também o medo de deixar aflorar seus próprios desejos e paixões, alguns ainda malvistos socialmente.

Há o medo até desse tal feminismo que modifica a zona de conforto ao propor independência e ressaltar a força e a capacidade feminina.

Há os arrependimentos. Do que fez e do que poderia ter feito. Aonde não foi e poderia ter ido. Outros tantos.

Obviamente que medos, ansiedade e arrependimentos não são exclusivos das mulheres, mas elas têm jeitos diferentes de lidar com esses assuntos.

Para casos assim, o feminismo aparece, então, visto de outro ponto de vista, como apoio, fortalecedor: abre janelas, dá conforto, ensina como lidar com os desafios e mostra como tantas abriram caminho, vitoriosas, líderes de suas vontades. A autoestima de uma mulher cresce quando ela conhece experiências e histórias de sucesso que poderiam ser dela.

O próprio Meraldo Zisman, que se declara, aos 80 anos, feminista assumido, concluiu que uma das formas de a mulher encontrar o seu lugar no mundo é deixar de ser e pensar às escondidas, infelizmente ainda um padrão. Um dos segredos é aprender a manifestar-se publicamente. Comunicar-se. Sempre. Não é mais desejável que as mulheres não conversem cada vez mais entre si, quando descobrirão tantos pontos em comum; não é mais possível que não conversem com homens que as escutem e que também lhes digam sobre suas angústias e medos.

Saber que também pode unir. Isso fará bem à saúde de todos. Olha só.

SANGUE, CALORES, DORES

A luta pelo direito de tomar decisões que dizem respeito ao próprio corpo – "Meu corpo, minhas regras", como afirma o velho *slogan* ainda atual – faz parte da discussão do feminismo.

Fica difícil, admito, explicar aos homens que as mulheres têm características físicas diferentes e que, por isso, podem necessitar de ajuda legal para garantir alguns de seus direitos exclusivos. Aí não tem igualdade. Não tem nem conversa: a mulher precisa de mais garantias específicas, na verdade até de uma legislação completa, como a que diz respeito aos direitos reprodutivos e a sua proteção.

É durante toda a vida. A puberdade, a menstruação, as dores, as cólicas, as TPMs, a gravidez (muitas vezes indesejada), o climatério, a menopausa. Como é difícil a expressão de tudo o que é relacionado ao universo do corpo de uma mulher. Ouviu falar em algum lugar sobre um tal orgasmo? A masturbação, olhar e tocar o próprio corpo, ainda é para muitas uma seara desconhecida. Com algumas dificuldades, devido à hipocrisia, à proposital falta de clareza nas informações, as meninas vão descobrindo as mudanças de seus próprios corpos e a sexualidade. A informação sobre questões sexuais muitas vezes ainda é tabu (há quem queira que fiquem fora do currículo escolar!).

A gravidez na adolescência, hoje verdadeira epidemia, interrompe os projetos de vida de tantas meninas. No Brasil, detemos o sétimo maior índice de gravidez na adolescência da América do Sul. Dados divulgados em 2018 pela Organização Mundial da Saúde (OMS) observam a alta taxa de gravidez entre meninas de 15 a 19 anos, da América Latina e Caribe; o planejamento familiar e o conhecimento sobre contracepção não atinge nem 68% dos brasileiros que constituem as classes C e D. Dados disponíveis, de 2015, e de acordo com o Ministério da Saúde – e por aí você pode ampliar esse número com as não notificações –, informam que foram mais de 500 mil os nascidos vivos de mães adolescentes. Eles próprios alertam que esses nascimentos de mães tão jovens são grandes contribuições para a perpetuação da pobreza entre as classes mais baixas, claro, afetando especialmente as mulheres. Para o Fundo das Nações Unidas para a Infância (Unicef), a maternidade precoce também inviabiliza o crescimento do PIB brasileiro em até US$ 3,5 bilhões por ano, caracterizando o tema como um problema de saúde pública. Quem sabe falando em dinheiro, mexendo no bolso, as iniciativas para a conscientização e melhoria de distribuição de métodos contraceptivos se efetivem?

Mais números que esbofeteiam: as mulheres nos "países em desenvolvimento", como o Brasil, têm, em média, um número maior de gestações e, consequentemente, sofrem mais riscos de mortes relacionadas à gravidez. De acordo com a Organização Pan-Americana da Saúde (Opas), a probabilidade de uma mulher de apenas 15 anos morrer em decorrência da gestação é de 1 em 180 nos países em desenvolvimento; nos países desenvolvidos, a probabilidade é de 1 em 4,9 mil. Enquanto isso, embora disponível no Sistema Único de Saúde (SUS), o DIU de cobre, que poderia ser um método de prevenção à gravidez eficiente e de baixo custo, é pouco ofertado às mulheres, principalmente as que ainda não tiveram filhos, as jovens. O que atrapalha? O preconceito, a falta de conhecimento, as crendices.

Um relatório publicado em 2018 pela Opas/OMS, Unicef e Fundo de População das Nações Unidas (UNFPA) trouxe dados bastante alarmantes. Um deles, sobre as práticas contraceptivas de mulheres jovens, evidencia o desconhecimento e a total desorientação sobre o tema: 60% das mulheres, entre 15 e 19 anos, já recorreram à pílula do dia seguinte; os métodos contraceptivos mais utilizados são a camisinha (28%) e a pílula (23%), índices absolutamente baixos; 5,2% recorrem à rede comercial de farmácias para adquirir seu método contraceptivo. Mais: métodos de média duração e os contraceptivos reversíveis de longa duração (LARCs, da sigla em inglês, como os DIUs, de cobre e hormonal, seguros mesmo para quem ainda não tem filhos, comprovadamente) não foram sequer por elas mencionados.

As formas mais populares de contracepção – pílulas anticoncepcionais e preservativos – não funcionam muito bem entre as mais jovens que ou se esquecem de tomar os comprimidos diariamente, ou aceitam com mais facilidade a prática sexual sem o uso de camisinha.

E, quando engravidam, muitas mulheres também ainda morrem no Brasil em decorrência de complicações da gestação. A depressão pós-parto, outro tema tabu com o qual convivemos como se nos fosse alheio, prejudica muitas mães que ainda têm que sofrer com a incompreensão, fruto da ignorância dos que a cercam. Para enfrentar esses problemas, devemos exigir mais prioridade nas pesquisas sobre a saúde reprodutiva feminina e maior informação circulando entre as equipes médicas, desde o ensino nas universidades.

Recordando: os direitos ao conhecimento e aos serviços contraceptivos estão previstos no rol de direitos humanos internacionalmente reconhecidos. A liberdade reprodutiva é um dos pilares da dignidade humana, incorporada na Declaração Universal dos Direitos Humanos.

Agora, se não há o devido cuidado com as novas gerações, imagine o que a mulher passa no decorrer de sua vida, na velhice, até o fim. Os calores, os medos, a terrível menopausa, que provoca reações indescritíveis e faz chegar a hora da decisão sobre reposição hormonal. Sim? Não? E os tais efeitos colaterais? Como dito, pouco se sabe, pouco se divulga. Pouco se respeita.

A verdade é que ainda há mais essa questão que precisa ser observada: a relativa falta de interesse e apoio às pesquisas de medicamentos que possam efetivamente atenuar, por exemplo, alguns desses sintomas que as mulheres sentem em toda sua existência. Novos métodos contraceptivos mais seguros e acessíveis, maior distribuição na rede pública, maior atenção a esses vários períodos da vida feminina e como cada um deles afeta a saúde mental e física das mulheres. Maior atenção também aos casos de câncer de útero, de ovários, de mama, as doenças que mais dizimam as mulheres.

Tanto a saúde física quanto mental da mulher está distante ainda de obter um olhar mais apurado. O feminismo vem expondo e mantendo esses assuntos como prioridade, buscando que, no mínimo, eles sejam alçados o mais rápido possível ao topo da pauta de reivindicações. Que sejam atendidas, claro.

TER OU TIRAR?

O estudo "Nascer no Brasil: inquérito nacional sobre parto e nascimento", realizado pela Fiocruz, com resultados divulgados em 2016, abordou as principais características das mães brasileiras. Entre os dados mais relevantes, constatou que 30% das mulheres entrevistadas não desejaram suas gestações, sendo que 9% ficaram insatisfeitas com a gravidez e 2,3% tentaram interrompê-la.

Muitas se arriscam em clínicas clandestinas para interromper a gravidez indesejada. Enquanto o entendimento do Estado sobre a questão do aborto passar por crivos morais e religiosos ao invés de ser vista pela ótica da saúde pública, muitas ainda morrerão ou ficarão mutiladas para sempre.

Por ano, o Ministério da Saúde registra 250 mil internações em decorrência de complicações no aborto, tentado, inclusive, das formas mais medievais, improvisadas, como usando agulhas de tricô para

se autopro-
vocar san-
gramentos,
bebendo chás
venenosos e ou-
tras que são até difí-
ceis de descrever, tão bár-
baras e engenhosas podem ser.
São números aterradores os das mulheres
que chegam aos atendimentos de emergência depois de
provocar a expulsão dos fetos para poderem ser enfim
atendidas, conseguirem a curetagem. Nas emergências,
muitas morrem ou ficam mutiladas por infecções.

A criminalização do aborto é cruel, especialmente
para a população de baixa renda que não pode recorrer às clínicas clandestinas procuradas por mulheres de
mais posses, que podem pagar por elas. O país precisa
parar de fechar os olhos a isso.

No Brasil, contudo, já houve conquistas. A legislação
consente o aborto em situações de gravidez decorrente
de estupro, de gravidez que cause severo risco à vida da
mulher ou de feto anencéfalo (com defeito na formação
do tubo neural, cérebro, durante o desenvolvimento.
Dificilmente um bebê com anencefalia sobrevive mais
do que algumas horas, isso quando já não natimorto).
Antes da lei, mulheres já foram obrigadas a gerar esses
bebês até o fim, imagine o sofrimento!

Outros aspectos da lei sobre o aborto: um médico
pode se recusar a fazer um aborto legal. A norma técnica

do Ministério da Saúde e o Código de Ética Médica garantem seu direito de recusar a fazer o procedimento. Mas isso só pode acontecer se não houver risco iminente à saúde da mulher e, claro, se houver outro médico disponível para fazer o procedimento. Por outro lado, um médico ou um enfermeiro que atenda uma mulher que chegue à unidade de saúde com complicações decorrentes de aborto não pode denunciá-la. O Código Penal considera crime "revelar alguém, sem justa causa, segredo de que tem ciência em razão de função, ministério, ofício ou profissão, e cuja revelação possa produzir dano a outrem". O Código de Ética Médica, por sua vez, reforça a proibição do rompimento do sigilo médico e ressalta que "na investigação de suspeita de crime, o médico estará impedido de revelar segredo que possa expor o paciente a processo penal".

Ainda sendo considerado crime no Brasil, a pena para a mulher que busca a realização do aborto é de um a três anos de prisão. Para a pessoa que faz o procedimento, de um a quatro anos. Isso se tiver havido o consentimento da gestante. Se não, se ela estava ali obrigada por alguém a abortar, a pena pode variar de três a dez anos.

A luta feminista pela descriminalização do aborto é antiga. Nesse sentido, existe uma pressão para que as cortes passem a dar parecer favorável à interrupção da gravidez, desde que não tenham sido completadas 12 semanas, de forma que não seja crime abortar nesse período.

Para os grupos contrários à descriminalização, a argumentação é bastante variada. O "princípio da inviolabilidade do direito à vida" é o que mais proclamam – os religiosos consideram que a vida existe desde a concepção e que o direito do feto de nascer é maior do que o da mulher de decidir pela interrupção da gravidez. Para resguardar esse "direito do feto", muitas entidades propõem a criação de mais programas de apoio financeiro e psicológico às mulheres grávidas, de modo que elas possam decidir manter a gestação, com acesso aos serviços de saúde para que o bebê se desenvolva. Há também a defesa de que haja mais incentivo para que as mulheres que não queiram criar seus bebês possam entregá-los espontaneamente e com segurança para adoção. Nem todos os grupos favoráveis à manutenção da criminalização do aborto são contrários à realização do procedimento nos casos que já são previstos em lei. Contudo, a pressão para que o aborto continue a ser considerado crime e, até mesmo, para que haja um retrocesso legal (e desastroso) nos casos em que ele já é permitido é muito grande em nosso país.

Em termos pessoais, o aborto é um assunto difícil para muitas mulheres, porque é cercado de acusações íntimas. Algumas mulheres que conheci carregam culpa por terem optado pelo aborto alguma vez, como um fardo por toda a vida, mesmo que já tenham tido filhos antes ou os tenham tido depois. Muitas se arrependeram por conta de razões religiosas. A discussão interminável sobre onde começa a vida também pode ser fonte de grande angústia.

Por outro lado, conheci muitas mulheres que o fizeram com total convicção. Penso até que são maioria entre as que escolhem abortar e têm a noção de que não é algo do que se possa se arrepender uma vez iniciado o processo. Estavam no auge de suas carreiras profissionais, em dúvidas com relação aos seus companheiros (ou mesmo de quem seria a exata paternidade), ou já tinham outros filhos e dificuldades para os criar. Eram ainda muito jovens e sem qualquer apoio familiar. Ou mais velhas, com questões de saúde em mente.

Aqui, o importante se apresenta justamente na reivindicação feminista pela descriminalização do aborto, de forma que seja a mulher quem faça a escolha, quem decida.

Um dos principais argumentos para a legalização do aborto, além da defesa do direito de escolha da mulher, é especialmente a questão de saúde pública, do atendimento de casos de complicações. Os números indicam que a proibição não faz com que mulheres deixem de abortar, mas torna arriscados os procedimentos, caseiros, clandestinos. No caso de mulheres pobres, isso é especialmente cruel: na falta de recursos, recorrem a métodos extremamente perigosos, que muitas vezes levam a lesões, infecções, perda do útero (que acabam com a chance de serem mães em outro momento) e à morte. O custo da realização do procedimento de forma segura seria certamente muito menor do que os custos com as internações por complicações causadas por essas tentativas malsucedidas.

Em suma, os defensores da legalização afirmam que a proibição é pouco eficiente para impedir abortos, mas muito eficiente para matar mulheres.

TEM DE CASAR? TER FILHOS? É OBRIGAÇÃO?

Até mais para o meio do século passado, mulher que não se casasse até 30 anos sofria um estigma, tinha "ficado para titia". Depois disso, era difícil que mudasse sua condição pejorativa de "solteirona", como se referiam com pena ou maldade na descrição da "coitada, que tinha encalhado". Como se mulheres fossem navios à deriva.

Se você que está aí lendo tem menos de 50 anos, já nasceu e viveu em tempos um pouco mais libertários. Para que entenda mais um pouco o que é feminismo e sua importância, precisa atentar que, em um passado nem tão longínquo, escolhas que hoje podem parecer banais, como se casar ou não, ter filhos ou não, eram vetadas às mulheres. Se hoje a mulher pode decidir os rumos do seu nariz (embora ainda sob diversas pressões), é bom saber que antes não podia, e que as precursoras que romperam essa barreira sofreram fortes consequências e perseguições. Muitas fizeram a História para hoje ela ser contada, com orgulho e reverência. Seguindo adiante.

Lembre-se também que aqui, país de terceiro mundo, várias liberdades chegaram bem atrasadas se comparadas ao mundo desenvolvido. Algumas, inclusive, ainda estão a caminho, vindo a passos lentos, morosos, sempre interrompidos, parados no acostamento.

Mesmo em tempos mais modernos como os que vivemos, se forem solteiras e sem filhos, mulheres ainda são tratadas como espécies de segunda classe, mulheres sem plenitude. Condenadas a passar a vida explicando por que, se por algum problema de saúde, se não gostam de homens, se não gostam de crianças... a última pergunta será se foi por decisão pessoal. O olhar condoído das pessoas acusa o pensamento: "coitada, envelhecerá sozinha, sem ninguém para cuidar dela". Como se ter casado ou ter tido filhos fosse alguma garantia, e não se soubesse que, na realidade, não é bem assim que ocorre.

Basta reparar nas publicidades, nos olhinhos brilhantes da mídia para as gestantes. Sempre parece que têm um pequeno "defeito" nas mulheres que não têm filhos, muitas vezes taxadas de "estéreis", "incapazes", "insensíveis", "egoístas". Até de "más" podem ser chamadas as que assim decidiram, porque "como é que não gostam de crianças?" (sempre insistem nesse ponto). Embora também seja um direito adquirido não gostar de crianças, não é crime. Ainda não, espero.

"A mulher só se completa quando é mãe. É da natureza da mulher. Seu corpo foi feito para procriar. Só tendo filhos as mulheres são felizes. Só quem é mãe pode compreender isso, aquilo, qualquer coisa"... Frases que mulheres ouvem com frequência. Não me admira tanta infelicidade, tentativas e suicídios entre as mulheres insatisfeitas, e até a agonia de procurar por métodos artificiais para engravidar a qualquer custo. Inseminações dificílimas.

Ou, por outro lado, a necessidade de parir para salvar casamentos, para conseguir alguma pensão, algum incentivo governamental, para acabar com a pressão familiar e da sociedade, que é muito intensa, principalmente em determinado período da vida. Como se fosse uma corrida. Diz-se que depois de ultrapassada a reta final, a "certa idade", não se volta atrás. Com o avanço da ciência, no entanto, cresce o número de casais e mulheres que congelam seus óvulos para possibilitar a tomada racional de decisões futuras. Mas isso não é só para quem quer, é para quem pode, tem saúde e condições financeiras, porque requer investimentos e tecnologia avançada, além de disposição.

Esses temas – casar ou não, ter filhos ou não – são muito complexos. Envolvem mais do que a liberdade de escolha individual de cada uma, embora o peso das decisões pessoais devesse ser maior. Soma-se a coragem para o enfrentamento. São decisões que deviam ser tranquilas, sinceras, particulares, mas sempre acabam envolvendo muito mais gente do que a principal interessada. Com palpites e imposições de pessoas que deveriam é cuidar mais de suas próprias vidas. Com pressões de instituições mais preocupadas em perpetuar e ampliar seu próprio poder do que com a felicidade das pessoas, seus relacionamentos íntimos, suas famílias, sua possível (mas não obrigatória) prole.

VELHAS DE GUERRA

Quando se está há muito tempo em um mesmo tema, na luta por mudar algo, parece que, com o passar dos anos, cansamos de bater na mesma tecla, assistir a muitas coisas pelas quais nos debatemos só piorarem, ao invés de melhorarem. A gente lembra que não vive sozinho na Terra e que nem pode salvar o mundo como acreditava que poderia quando jovem. Dá preguiça. Dá vontade de desistir.

Até a hora da morte, a mulher precisa estar sintonizada nas dificuldades que encontra só por ser mulher. Mais mulheres enfrentam a velhice sozinhas, sem grandes perspectivas, muitas vezes abandonadas até por aqueles que acreditou que a apoiariam até o fim, companheiros, familiares.

Repare. Veja nas ruas. Elas estão em todos os lugares, e é muito dramática a situação de desamparo no fim da vida. Sem o brilho de outrora, sem os sonhos, muitas vezes sem a saúde, perdida durante uma vida cuidando de outros. Muitas vezes ganhando, quando muito, um salário mínimo de aposentadoria. Não é, claro, uma situação vivida só pelas mulheres, e, claro, não por todas.

Os idosos não têm atenção neste país que parece esquecer que será essa a maior parcela de sua população em um futuro bem próximo, com a queda da natalidade, com as mudanças de comportamento. Mas ainda são as mulheres velhas a parte mais cruel e visível dessa história de descaso.

Não há mercado de trabalho aberto a quem alcança 50 anos, muito menos para quem já ultrapassou em muito essa faixa. Não há programas suficientes de atenção, prevenção, atendimento, acolhimento.

É comum vê-las nos grandes centros urbanos, mendigando nas ruas, vivendo de favor. Cabe ao feminismo alertar para essa parcela "invisível", esquecida, da população e buscar formas de promover melhorias, reivindicar que sejam dadas condições dignas de sobrevivência, com a criação de centros de referência onde essas mulheres possam se abrigar, ter cuidados médicos e manter atividades que as façam querer viver.

A idade chega para todos e todas. E o feminismo parece que vai ganhando contornos ainda mais reais quanto mais vivemos. Com os anos, podemos apreciar as conquistas, mas também perceber muito melhor a lentidão com que elas chegaram e o quanto falta. Temos uma visão mais ampla das transformações, dos tempos, dos momentos de arrumação que causamos e, ainda, das incompreensões que não vão ter cura porque não interessam à maioria.

Tornamo-nos um pouco mais irascíveis com a idade, perdemos a paciência que tínhamos em explicar o óbvio e nos chocamos com a falta de conhecimento e de argumentos usados para sem razão desqualificar o movimento feminista, acusando-o, inclusive, de ser culpado pela sua própria evolução. Se não tivesse existido, não estaria clara a importância e especificidade da atuação das mulheres em todos os *fronts*.

E aí a gente chega lá, no depois dos 60, e fica pensando: por que demora tanto a compreensão de algo tão simples?

Em compensação, também hoje temos exemplos de vidas inteiras dedicadas à libertação, a feitos, procuras, pesquisas.

Foram pessoas que desbravaram caminhos que hoje seguimos ampliando, mostrando com suas histórias que nada é impossível, às quais devemos reverenciar, com respeito e admiração. Seus nomes atravessaram os séculos, algumas já estão nos livros de História – e quem sabe um dia muitas outras estarão, tornando-se imortais.

3

Ação

FEMINISMO X MACHISMO

Feminismo não é o contrário de machismo, antes que esqueçamos de esclarecer. As palavras apenas se parecem. Machismo não é, como o feminismo, um conjunto de ideais, um movimento organizado.

Machismo é quase definível como uma doença, ligada a questões psicológicas, como inseguranças pessoais. Machismo é comportamento que quer subjugar, impor limites às mulheres. Muitas vezes está tão entranhado na cultura que poderia parecer até natural ser assim. Passa pela falta de orientação, incompreensão. Machismo é tentativa de dominação, de manter a superioridade do masculino sobre o feminino, muito ruim, porque é coisa bruta, burra, que leva um homem a fazer, pensar, acreditar, dizer e praticar coisas torpes e covardes contra as mulheres. Manter uma sociedade machista é continuar a impor um desequilíbrio, uma força impositiva e uma hierarquia que já não podem ter mais espaço nos nossos tempos.

O feminismo o reconhece e o combate. E essa luta não é fácil, muito menos pacífica. "O brasileiro é machista". Mas tem de deixar de ser.

No cotidiano, o machismo se mascara de muitas formas, até em não querer aparentar machista, e assim dar mais bandeira ainda. Frases, como "eu não sou machista, mas..." (e segue-se um rol de clichês como "não acho que mulher deva fazer isso", "isso não é coisa de mulher"...). Comentários capazes de fazer qualquer mulher sair do sério, como dizer "que está nervosa porque não tem homem", "deve estar na TPM", "porque é mal-amada"...

O machismo aparece quando menos se espera, porque está tão introjetado que uma pessoa pode emitir seus sinais até sem perceber, automaticamente, sem se dar conta. Pode aparecer em uma reunião de trabalho, em que as opiniões femininas não são levadas em conta, na atitude de um homem que ignora as ordens e a presença de uma mulher, mesmo que ela lhe seja hierarquicamente superior. Muitas vezes até o olhar "entrega"– ou melhor, o nem olhar diretamente para as mulheres presentes, ignorando-as.

O machismo se esconde em detalhes que às vezes podem até demorar a ser reconhecidos. Numa frase, numa piada, numa observação descuidada, em uma atitude banal ou no desmerecimento invejoso de alguma conquista.

Pode chegar embalado para presente com um laço vermelho que contenha flores e promessas mirabolantes, ou até panelas e despretensiosos utensílios domésticos em datas comemorativas. O machismo comumente se expressa na rudeza de um xingamento, em uma ameaça. É o cerne da violência doméstica.

Embora não seja antônimo de feminismo, o machismo é certamente o seu maior inimigo. Não é caso de incluir a ocorrência do machismo onde às vezes ele tenta se proteger, só considerando-o como "politicamente incorreto", porque ele é muito mais do que isso, muito mais perigoso, inclusive. Em prol de manter a pretensa supremacia masculina, que no fundo o machismo defende, quer sempre ser alimentado, e para isso é capaz de lançar mão de todas as aberturas e oportunidades que puder.

O machismo impregna. Está na propaganda da cerveja, mas também nos livros de História, muitas vezes contada com apenas uma visão dos fatos, a masculina, como se não tivesse havido a participação e influência feminina, ou muitas vezes demorando a reconhecer seu protagonismo. Está na imprensa, nas críticas, embutido nos adjetivos e nas aspas e ressalvas. Parece que sempre se espera mais da mulher, e, quando ela falha em alguma de suas atividades, a cobrança ressalta, frisa, o fator do gênero feminino. Também se revela quando as mulheres são observadas de forma diferenciada, como quando pela primeira vez uma mulher assumiu a presidência do Supremo Tribunal Federal, e seu "coque e elegância" ganharam muito mais espaço na mídia do que seus reais predicados jurídicos e preparo para o cargo.

O machismo aparece em fotos tiradas de forma maliciosa, nas filmagens de eventos que acabam focando apenas algumas partes do corpo feminino, como ocorre muito nas coberturas de Carnaval e festas de rua, assim como na cobertura das manifestações feministas. O machismo está presente e diluído de tal forma que apontar suas manifestações é uma tarefa infinita. É ele quem descreve o feminismo com erros, escárnio e incompreensão. Se a cada vez que uma manifestação machista ocorresse tocasse um alarme, o alarido seria insuportável.

Já foi pior? Já foi. Antes não se podia nem falar muito nele ou denunciá-lo em algumas situações. Hoje, é comum se prestar mais atenção, tentar evitar atitudes machistas. De fato, é preciso que se tome consciência sobre o machismo para poder controlá-lo, combatê-lo. Que os machistas (tanto homens quanto mulheres – sim, há mulheres machistas) percebam, ouçam suas próprias palavras. Comportamento atávico, tão interiorizado que ainda serão necessários muitos anos para que, ao menos, seja mais bem identificado e combatido em todas as suas formas.

FEMINISMO SOB ATAQUE

Embora traga argumentos tão simples e óbvios, o feminismo vem sendo achincalhado brutalmente ao mesmo tempo e na mesma proporção que a sociedade avança na percepção e aponta o abismo que ainda existe em termos de igualdade de tratamento entre homens e mulheres em vários campos.

Dizer que "vem sendo" achincalhado não é exatamente verdade, porque não é de agora. Desde o seu início, o feminismo enfrenta resistências, dificuldades e controvérsias. Desde que começou a obter suas pequenas vitórias, desde que teve definido seus propósitos, muita gente buscou se contrapor a ele com polêmicas, formas de desviar seus caminhos, atrasar seus resultados.

O estranho – embora compreensível quando percorremos o terreno virtual dos tempos de internet, onde o anônimo predomina – é que ataques desmedidos estejam recrudescendo ainda nos dias de hoje. Não tem o menor sentido. Chegam a serem forjados fatos e imagens para desconsiderar o feminismo e os movimentos de mulheres de forma geral, direcionando para chocar os setores mais conservadores, tratando o que diz respeito ao feminismo de forma torpe. Não é muito claro a quem ou ao que isso possa beneficiar, senão apenas a uma tentativa de intimidação, resistência do atraso que já não pode ter mais lugar em nosso tempo, muito menos quando se trata de assunto tão sério, que envolve uma parcela mais do que significativa da população, com repercussão em todos os aspectos da vida em sociedade.

Se ainda, acaso, você não se considerar feminista, talvez seja só uma questão de tempo. Ao menos, que consiga assimilar com mais simpatia a existência do movimento. Ele é muito relevante e fundamental, essencial. O feminismo fortalece o desenvolvimento e aprimoramento das relações sociais, políticas e econômicas.

É ele: feminismo. É fácil entender seu amplo significado. Mas é preciso que antes todos se dispam de reservas.

Não é justo que tema tão importante seja alvo de chacota e desconsiderações grosseiras, que busquem desconstruir os grandes feitos e forjar uma imagem distorcida e absolutamente preconceituosa. Mais: que isso seja usado para se contrapor ao constante arejamento de ideias, uma das bases propostas pelo feminismo.

Não é justo não só que alguns homens acreditem e sejam envolvidos nisso, por machismo, má-fé ou ignorância, mas chega a ser ultrajante que esse descrédito venha a ser apoiado por outras mulheres, que parecem não enxergar a sua condição feminina e as desigualdades a que também estão subjugadas. Seria injusto e ingrato para com a história de luta e dedicação de tantas mulheres que batalharam, sofreram, muitas perderam suas vidas, para nos trazerem aos dias de hoje, quando já deveríamos estar todos mais preparados para escutar, avançar na discussão, descobrindo novas formas de colaborar para que todas as mulheres do mundo sejam reconhecidas em sua plenitude, com igualdade e respeito.

"SOU FEMINISTA"

Se não falarmos com todos, e pudermos fazer por todos – ou pelo menos por uma boa parte –, a defesa do feminismo perde um pouco sua razão de ser. É o famoso "precisamos falar sobre isso", até para exorcizar todos os enganos que jogaram sobre algo tão simples.

Só poderá haver harmonia quando homens e mulheres tiverem seus direitos justos, iguais e garantidos. Na verdade, nada mais é do que uma luta justa, inquestionável. Mas que precisará ainda de muitos ajustes para que, ao menos, não desabe o mundo na cabeça de quem se identifique como feminista. Seja mulher ou homem.

Sem o feminismo, o mundo seria ainda pior do que já é. Inacreditável, mas não estaríamos aqui, mulheres não teriam participado politicamente com seu voto, atuado ativamente na construção e no desenvolvimento da sociedade, nem posto tanta gente para pensar no desequilíbrio ainda reinante entre homens e mulheres. E fazemos isso há décadas.

Ser feminista é a questão? Como se apresentar? Entendeu e percebeu a importância do feminismo. E agora? Saímos contando por aí, aos quatro ventos, que descobrimos que devemos ser, todos, feministas? Que essa é a posição mais aceitável e correta? Há alguma vantagem?

Se for mulher, já observou que ser taxada, descrita, percebida, apresentada como "feminista" em um país como o nosso é complicado, pode vir a ser até perigoso, enquanto ainda restarem dúvidas sobre o seu significado. Se for homem, poderá acabar criando até alguma confusão, inacreditável, mas talvez tenha de sair por aí justificando, explicando sua própria orientação sexual ou se defendendo da pecha de inimigo da "classe masculina".

O maior problema é que o termo "feminista" continua, infelizmente, sendo usado por muitos quase como palavrão, xingamento. Junto com retrocessos que vamos assistindo em nosso país – e que, ressalto, parecem estar ocorrendo em todo o mundo, não só aqui.

O feminismo, por sua vez, tem passado por inúmeras transformações, sempre se reinventando, se atualizando. Relembrando o feminismo da "Segunda onda", que liberou mais o comportamento, a sexualidade, começou a tratar de questões íntimas e acabou criando muitas confusões, até sem perceber que o fazia, especialmente sobre o relacionamento homem-mulher. A mulher de classe média saiu de casa para trabalhar, ser independente e se sustentar e aos seus filhos, passou a concorrer no mercado de trabalho, mostrando-se também muito eficiente em várias tarefas, em algumas se sobressaindo. O casamento já não era a mais desejada e única forma de relacionamento possível. O homem se sentiu atingido: deixou de ser o provedor absoluto, nem seus comandos e suas ordens precisavam mais ser obedecidos pela esposa. Deparou-se com a exigência de começar a dividir as responsabilidades no cuidado cotidiano dos filhos e nas tarefas domésticas. Tudo isso criou uma certa confusão, atritos nas famílias, hoje já se admite isso. Há até quem diga que o feminismo da "Terceira onda", a partir dos anos 1990, buscava justamente atenuar esses "erros" de entendimento que porventura tenham ocorrido e amenizar esses atritos. Pode ser.

Com o tempo, afastaremos as contradições e equívocos inerentes a essas transformações sociais e de comportamento, apararemos arestas. Essa adaptação é um processo contínuo, levará a vida inteira. Assim, já pode começar. Somos agentes de transformação.

Não se intimide. Se quiser entender como necessário, use o rótulo, carregue uma plaquinha, bata no peito dizendo "sou feminista". Vai ajudar a fazer com que essas mudanças sejam mais velozes.

SEM SUBMISSÃO, INFLEXÕES E REFLEXÕES

Feminismo. Sufixo que cria conflitos: *-ismo*. Dá às coisas uma sensação de serem maiores do que são mesmo, de já virem com estruturas estabelecidas e imutáveis, tanto quando sistemas políticos como capitalismo, socialismo, comunismo. O feminismo é, assim, um movimento estruturado em defesa da mulher e da condição feminina, e, em todos os sistemas políticos, assim como em todos os aspectos físicos, morais, psicológicos, fisiológicos.

Feminista. O *-ista* já é um sufixo mais legal. Ele mostra a prática, a adesão e, nesse caso, nada melhor do que a adesão a esse movimento que, repetindo, trata de todos os aspectos da condição feminina. Não esqueça que boa parte da importância da aplicação do feminismo no cotidiano é apontar que ser feminista é inescapável para todos os que forem conscientes da necessidade de respeito e igualdade de oportunidades e direitos para todos, porém mais ainda quando se é do gênero feminino historicamente mais atingido. Por mais que algumas mulheres ainda rejeitem a ideia, e venham com argumentos tolos, muitas vezes até usados para não admitirem os seus próprios problemas. O feminismo fala de propósitos gerais irrefutáveis.

Contudo, não é por se considerar feminista que "seus problemas acabaram". Ser feminista exige um constante aperfeiçoamento, análise dos fatos e ocorrências, equilíbrio. É mesmo uma atitude sujeita a contradições e transformações que ocorrem ao longo de toda a vida.

Mas há uma coisa que o feminismo não pode admitir: a submissão, seja em que campo for. Não há fragilidade. Tomou consciência, tem de se liberar do que oprime, especialmente dos relacionamentos abusivos, essa praga.

Ser *ista* pode ser muita coisa. Por exemplo, a autora ostenta dois *istas*: *jornalista* e *feminista*. E esses dois vivem bem, juntos, parceirinhos.

Pode-se ser tudo, adotar qualquer profissão ou exercer qualquer função, e ser feminista. Porque a aplicação e a consciência dos direitos iguais se estendem a todas as atividades, e mais, a todas as ações, inclusive as produções intelectuais, que passarão assim a levar em conta sempre o aspecto feminino, a presença feminina. Pais, mães, avós, avôs, professores também têm extrema importância na criação e entendimento dessa cultura igualitária que nada mais é do que justa.

"O QUE É QUE ELAS ESTÃO QUERENDO MESMO?"

Um dos maiores benefícios para todos nós seria que conseguíssemos desmistificar o feminismo, clareá-lo no sentido de mudar a forma estranha com a qual a maioria da sociedade ainda o percebe, essa noção equivocada de seu campo de ação. Para que ele pudesse ser compreendido, crescer e se firmar sem arregimentar tanto ódio; ódio absolutamente sem sentido e desnecessário, uma vez que se preconiza apenas a justiça.

"Ei, você aí parado, está pensando errado!" – diria. O que, aliás, dá um bom mote como palavra de ordem conjunta para a próxima manifestação.

Sempre teremos à frente – não precisa ser guru para afirmar – uma passeata chamada, organizada, majoritariamente feminina, para protestar sobre algo horrível que aconteceu ou acontecerá. Ou para reivindicar ação em relação a algo que ainda precisa mudar. É uma forma válida de pressão, de chamar a atenção, uma forma digna, que pode se popularizar e fazer mais pessoas entenderem. Não porque é feminismo, mas porque é sociedade e, admita, as mulheres sempre estarão atentas. Se for algo caro a elas, certamente serão manifestantes nas ruas.

Aí juntam-se todas. As formas, as cores, as raças, os jeitos, os tamanhos, as belezas, os cabelos. Os tipos. As tipas.

E logo surgem os "críticos", que passam por cima de palavras de ordem, reivindicações, protestos, para mudar o assunto: "do que mesmo elas falavam?" Sabe quando a gente está ali assistindo ao noticiário da TV – inclusive importantíssimo – e começa a reparar só no cabelo e na roupa dos apresentadores e esquece completamente qual era a notícia? Pois é.

O movimento feminista, temo, sofre com esse problema. Começam a observar que se trata de mulheres... nesse momento se desvia o foco. "Ah, porque são estranhas, feias, gordas, negras, lésbicas...". Ou também essa versão: "ah, eram só mulheres de classe média, brancas, dondocas".

"Do que é mesmo que elas estavam falando?"

Engraçado isso, as mulheres estão sempre no alvo de outros pensamentos. Isso dá o motivo de serem obrigadas muitas vezes a se apresentarem mais agressivas, contundentes, buscar formas criativas de expor os fatos para todos.

Pensa que é fácil?

FEMININAS E FEMINISTAS

Todas as mulheres feministas são, por óbvio, femininas; entendemos que nem todas as femininas sejam feministas. Claro que esperamos que, após a leitura deste livro, essa frase que contrapõe uma coisa à outra seja definitivamente aposentada.

Necessitamos que o feminismo seja entendido na sua formulação, na sua essência, principalmente na obtenção de resultados, e isso só será possível com a compreensão de que ele envolve a todos, homens e mulheres, e que já está estabelecido na sociedade de forma significativa.

Às vezes, as mulheres são obrigadas a recorrer a vários artifícios para se fazer compreendidas e respeitadas. Ser contundentes, por exemplo, como disse antes. Conto uma pequena história: em 1992, com meu melhor amigo com aids – talvez hoje se tenha perdido a noção das dificuldades que esse mal gerou –, precisando de cuidados médicos importantes e negados pelo seguro-saúde, precisei pedir ajuda para obter uma liminar de forma que ele pudesse continuar o tratamento.

Outro amigo, um dos maiores advogados criminalistas do país, me indicou as advogadas Rosana Chiavassa e Silvana Pastro, que, à época, trabalhavam juntas. Eu não as conhecia, mas me chamou a atenção em nosso primeiro encontro que logo à porta, bem visível, a placa "Advogadas Associadas" fizesse uma diferença. Isso, nos anos 1990, ainda era uma novidade, e logo soube que para elas era inarredável ponto de honra. Quem mandasse algo não respeitando esse "A" feminino batia com a cara na porta ou tinha simplesmente a correspondência devolvida.

Pode ainda parecer radical, mas era como devia ser, uma forma de ressaltar a condição feminina das profissionais, atuantes em uma área entre tantas outras às quais as mulheres demoraram a conseguir acesso e aceitação.

Para um caso que requeria coragem e sensibilidade, foi uma decisão correta recorrer a essas leoas. Foram elas que obtiveram a primeira liminar contra uma operadora de saúde, obrigando o atendimento e o oferecimento de tratamento aos pacientes portadores de aids, em todas suas manifestações advindas da síndrome. A partir daí, seguidamente, com recursos à Justiça, os seguros e planos de saúde se viram obrigados a pagar os custos do tratamento. Ter sido o motor que de alguma forma obteve essa vitória, de ver criada jurisprudência, e que tantas vidas salvou, junto a essas mulheres advogadas, é orgulho para uma vida inteira.

Essa recordação faz lembrar também o quanto a aids dizimou tantas mulheres, principalmente por ignorância e descaso. Preconceito mata. Onde quer que esteja. Continua matando.

Aqueles primeiros tempos foram verdadeiramente pavorosos. Ainda são, mas era dramático, pois a doença era muito estigmatizada e, acreditava-se, baseada apenas no comportamento sexual das vítimas. Recordo das dezenas de mulheres que acompanhei sofrer e morrer no hospital. Donas de casa, senhoras, contaminadas pelos seus maridos e suas mentirosas vidas duplas, nos casos em que mantinham relações homossexuais que não admitiam, contaminando suas esposas sem o uso dos preservativos. Elas ficavam doentes e absolutamente sós, isoladas, muitas ainda lidando com a desconfiança de suas famílias, separadas de seus filhos. Era comum imputarem *a elas* o comportamento infiel.

Já vivemos tempos muito bárbaros. É bom não esquecê-los para que não voltem. Estamos controlando a ignorância, diminuindo o preconceito. Mas ainda precisamos temer a hipocrisia que faz tantas vítimas.

COMUNICAÇÃO E A GUERRA DA LINGUAGEM

O caminho da comunicação é, para o feminismo, sua maior arma. Fatos como os xingamentos que as mulheres escutam muitas vezes apenas por citar a existência das desigualdades entre homens e mulheres e apontar onde há necessidade de mudanças requerem ação imediata. Devemos todos notar e repudiar as ameaças constantes sofridas pelas ativistas, especialmente aquelas que, como feministas, decidem se dedicar a lutas ainda mais específicas contra o preconceito – transfobia, lesbofobia, gordofobia, racismo ou qualquer outra ameaça à liberdade individual, direito humano fundamental, injustiça.

Nos últimos tempos, as ameaças de cunho político e por motivos eleitorais vêm sendo constantes; pior, incentivadas pelo anonimato das redes, nos meandros obscuros da internet, apoiadas em *hackers*, robôs e no ódio. A mesma internet que hoje facilita a comunicação, a informação, o contato, a proteção e a mobilização possibilita, na mesma medida, ameaças e formas variadas de violência contra a mulher.

Já existem trabalhos específicos de coletivos feministas dedicados exclusivamente a orientar as mulheres a como se cuidar, como se defender, como agir, inclusive contra a mais nova grave ameaça moderna: a *revenge porn*, ou *pornografia de vingança*, um crime que comumente expõe vídeos íntimos de mulheres, geralmente cometido por seus ex-parceiros (ou mesmo parceiras), por vingança, com a intenção de constrangê-las e assediá-las, fazê-las se sentirem culpadas pela sua própria sexualidade. Mas nem sempre vêm de pessoas próximas. São comumente reportadas também invasões de telefones e computadores, sequestro de toda a sorte de dados pessoais. Esses materiais se tornam objetos de chantagem financeira e emocional, causando transtornos profissionais e familiares na vida dessas mulheres.

Violência. Sempre retornaremos ao tema, porque tem muito a ver com o não reconhecimento do feminismo, seu significado.

Falas agressivas e visões deturpadas vêm de todos os lados, e por mais incrível que pareça, até de mulheres que deveriam ou até poderiam, por suas posições, ser as primeiras a combatê-las. Mulheres que ou não entendem, ou que simplesmente não gostam do feminismo – ou ambos. Muitas por quererem fazer o papel de contraponto, por vezes sob o manto religioso. "Sabem por que elas (feministas) não gostam de homem? Porque são feias e nós somos lindas". Uma verdadeira coleção de desatinos o que se fala a respeito do feminismo. Justamente para tentar mantê-lo estigmatizado, sob ataques de clichês.

Não se "incomode" (!) com desaforos. Sim, sempre foi assim. Para combater as feministas, xingam-nas de um tudo. Falam de axilas! Se cultuam pelos aqui, lá. Um assunto absolutamente íntimo. Mas recorrente para desabonar as feministas.

Se as mulheres se depilam, se usam ou não calcinhas, se são novas, velhas, gordas, magras, feias, belas, brancas, negras, se umas amam outras, se querem ou não casar, se querem ou não ter filhos, são decisões de foro pessoal. De cada uma delas. O direito de decidir sobre o próprio corpo.

Só quem é mulher sabe onde o sapato, sapatão, alto, baixo, rasteirinha, chinelo, chinelinho, aperta.

Não é coisa para ninguém, sejam outras mulheres ou homens, vir ordenar, nem com religião, muito menos com política e abuso de poder. Importante recordar que nossas antepassadas, bisavós, avós e mães, já comeram o pão que o homem amassou, e agora é um novo tempo, mesmo que muitos não compreendam até hoje as suas frustrações.

As mulheres querem ter o direito de escolher. As lutas feministas começam, entendam todos, definitivamente, por uma palavra só, comum: Liberdade. Essa é a palavra de ordem que manterá as mulheres unidas cada dia mais. Que nos manterá, na verdade, a todos, homens e mulheres, unidos. Liberdade de se fazer, pensar, em igualdade.

Falar para que todos ouçam. Poder conversar sobre todos os assuntos sem amarras. Ser como se quiser ser.

O OUTRO LADO:
PARA MUDAR DE IDEIA

Quando se fala em feminismo, por que é tão emocional, às vezes até raivosa, a reação de certas pessoas?

Há mulheres que, mesmo entendendo as propostas, vitórias e reivindicações do feminismo, garantem que "não são feministas, são femininas". Há homens que não entendem nem parecem fazer questão de saber o que é realmente, como funciona, o que significa, e mais, por que é que eles teriam de dar atenção ao assunto. Consideram o feminismo como inimigo. São contrários a *"essa coisa"*.

Tentei fazer um esforço de ouvir o outro lado. Saber o que ele pensa. Conversei com homens estabelecidos, formados, héteros, de 20 a 70 anos, em geral ou casados ou desquitados ou no enésimo casamento. Uma tristeza. Ouvi apenas um emaranhado de preconceitos, ideias preestabelecidas, percepções e visões que não só apontaram para a causa dos problemas enfrentados pelo feminismo, mas de muitos outros, semelhantes, encarados por todos os seres que se pretendam livres, autônomos.

As opiniões dos entrevistados mostraram uma sociedade ainda muito conservadora, apegada à religiosidade quando convém, com comportamentos pré-programados, como ideais, visões estéticas fantasiosas. Alguns inclusive puseram a mulher, sim, no patamar da adoração, mas dentro de uma redoma para a qual serão eles que sempre fornecerão o oxigênio. Esses também falaram em "mulheres femininas", ou seja, "limpinhas", que não ficam por aí falando barbaridades, vivem em geral no mundo cor-de-rosa da Barbie. Sim, "elas podem e até devem trabalhar, podem até ser chefes, mas nunca pedir igualdade, porque não existe essa coisa, mulher é mulher, homem é homem". Aliás, eles não admitem que haja desigualdade alguma no tratamento. Dizem que não precisamos do feminismo. Que a situação da mulher é ótima, até privilegiada.

Como assim?!!

Uma das principais causas das reações contrárias é justamente porque a defesa dos direitos da mulher – e isso é muito citado – nem sempre é feita por mulheres que eles consideram perfeitas, admiradas, vitoriosas, bonitinhas, organizadinhas, e que até levariam para jantar. Ou apresentariam à família.

"São todas sapatões!" – ouvi de muitos, acredite. "Você vê aquelas mulheres horrorosas com pelo no sovaco [os pelos de novo...]. Como é que você vai achar legal?"

Sim, *pelos* que eles imaginam que *todas* as feministas cultivam em tufos.

Acham que *todas* são feias, mal-amadas, e, por isso, apenas por isso, *sapatões*, como frisam. Não ousam expressar-se usando o termo "lésbicas". "Sapatões" são o que imaginam como melhor forma de agredir verbalmente. "Até que, de vez em quando, aparece uma bonitinha, que dá para comer." – ouvi; ouvi, sim.

Até a política, onde a mulher é ainda ridícula minoria, aparece nas respostas. No país atual, arrumaram ainda mais motivos com os quais enchem o peito para não gostar de mulher que pede igualdade, por seus direitos. "Todas de esquerda, umas comunistas, isso não pode dar certo." Esses são os tipos que ainda fazem piada com a Lei Maria da Penha, que acham "um saco essa história de politicamente correto", sim, mas principalmente quando o assunto é relacionado à causa feminista,
que pode ser esculhambada.

"No que querem igualdade? Já não têm? Não conheço nenhuma que ganhe menos que os homens; algumas já ganham até mais. E mulher, olha, mulher não gosta de mulher, não gosta de trabalhar com mulher. Já percebeu?" – perguntam, tentando sempre obter algum tipo de aprovação do interlocutor.

"E essa história de *feminicídio*? Para que isso? Até parece. Sabia que algumas até provocam para receber umas palmadas e poderem se separar, ganhando pensão? Qual a diferença? Tem mulher que bate no homem, que mata também. Precisamos pedir uma lei própria?"

Outro tema que os deixa transtornados é o fato de as mulheres terem obtido um Dia da Mulher, 8 de março, 8M, comemorado em todo o mundo. Não adianta citar a história, o contexto, a importância. "Precisamos criar o Dia do Homem", falam, aliás, sem a menor criatividade; não apresentam argumentos que possam ser levados em conta, apenas o desmerecimento, o desconhecimento, o ódio, inclusive.

E como o Dia da Mulher vem sendo assimilado – a propaganda enxerga a data anual como muito lucrativa, comercial, usada para vender mais –, alguns desses homens fazem questão de dizer que não deixam a data passar em branco. Em geral, pensam em dar flores e bombons. "A gente faz isso no Dia da Secretária também." – declarou um dos entrevistados.

Se citarmos que existem, sim – e dos quais gostamos muito –, homens sensíveis, capazes de entender a natureza feminina, homens feministas, que acompanham o desenvolvimento social, os novos tempos, e que eles próprios têm buscado trabalhar seu "lado feminino", o bombardeio dos detratores é quase unânime: "Viados! Isso é viadagem!".

É assustador saber até onde a ignorância pode chegar e, ao mesmo tempo, o perigo que esse tipo de pensamento e comportamento pode representar para todos, o que talvez explique a lenta aceitação, os limites e as dificuldades enfrentadas por tantas mulheres.

Essa é a realidade. Dura. O que temos todos de buscar mudar.

Como sobreviver a essa breve incursão por esse mundo tosco? Da mesma forma de sempre, uma vez que não há feminista que não precise conviver com esse tipo de homem em algum momento ou em alguma situação de sua vida. Ainda é pequeno o interesse real de uma grande maioria em entender um movimento tão importante e que se integra cada vez mais à sociedade. O mais estranho é mesmo a existência, antes de tudo, de aversão ao termo, à palavra, à definição, às vezes nem tanto ao que o feminismo realmente significa e propõe.

Isso me deu até um ânimo a mais, um incentivo, para produzir este livro, que, desde o começo, buscou amenizar a brutalidade com a qual o feminismo é encarado por alguns, mostrando que, sim, faz parte do nosso cotidiano. Que ninguém é contra ninguém, que não se trata de guerra de sexos, e que o ideal feminista e o seu movimento já são o motor de muitas transformações desfrutadas e que trazem equilíbrio à balança das relações humanas, sociais e afetivas.

GRITA MAIS ALTO QUEM TEM A RAZÃO?

A imagem do feminismo e das feministas que corre por aí, mais comum, é sempre a de mulheres fortes, hábeis, corajosas, cheias de si. E o feminismo nada mais é do que exercitar, expressar, provar e querer melhorar a condição de ser mulher. Mas não é porque a mulher é feminista que resolveu tudo, libertou-se das amarras, é livre e agora passa a lutar por todas.

Porque exatamente há – e temo admitir que ainda seja uma maioria – pessoas para as quais a simples citação da palavra "feminismo" provoca comichões e baixos e primitivos instintos. Isso faz com que até os nossos dias o feminismo seja mantido controlado numa espécie de coleira. Mais: uma mordaça. Como vimos, busca-se o descrédito. Macular o movimento.

É um problema. Isso faz com que muitas mulheres simplesmente desistam, percam a coragem, acreditem até que estão erradas ou "exagerando". E junto vai o brilho, a alegria, o orgulho, a positividade, a celebração das conquistas. Muitas passam inclusive a se incorporar ao time das "mulheres que odeiam o feminismo".

Difícil aceitar. A não ser que se queira manter na marra a discriminação, manter a mulher em patamar inferior, considerando-a incapaz e indigna até de ter salário igual ao homem que exerce a mesma função, uma das reivindicações básicas.

Para quem tem uma vida de certa forma pública, como é o caso das jornalistas, as agressões são enormes. Onde um marmanjo pode opinar sobre o que quiser, caberia à mulher um espaço muito reduzido, cercado. Sabe quando as mulheres começaram a dirigir, e nas ruas se ouvia (e, claro, ainda se ouve muito): "Vai lavar roupa, vai pilotar fogão, Dona Maria!"?

Com o tempo, esperamos que os avanços, muitos, que chegaram com o feminismo e a maior consciência sejam incorporados e cada vez mais suavemente difundidos entre os mais jovens.

Hoje há mais liberdade, inclusive para questionar e debater entre os contrários. A informação é mais ágil assim como a comunicação, a troca de dados e o conhecimento de novas experiências, mais disponíveis.

Está claro que é preciso falar, se abrir, com mais união, e buscar relacionamentos saudáveis. Mas também está claro que não dá para sussurrar sobre alguns temas e acontecimentos que não podem ser tolerados.

Devemos gritar. E alto. Para que todos ouçam. Inclusive os vizinhos, a família. A polícia. A imprensa. Avançou, mas não pode parar.

4
Movimentação

POLÍTICA FEMINISTA, FEMINISTAS NA POLÍTICA

Como é a ação política de quem é feminista? É diferente. Na verdade, precisa diferir, inclusive – esse fato precisa ser reafirmado –, se for "à esquerda", onde em geral o feminismo transita. Porque, tradicionalmente, os movimentos de esquerda não entendem bem que o feminismo não pode estar em segundo plano, vir depois. Eles assimilam as necessidades da luta feminista só até certo ponto, quando e enquanto lhes apetece. E reafirmam a necessidade de uma luta social travada ainda com maioria do ponto de vista masculino ou partidário, o que dá no mesmo, porque os partidos políticos ainda são absoluta e majoritariamente masculinos.

A verdade é que as mulheres sempre participaram de todas as lutas sociais, mas sempre recebendo poucos créditos e com muitas dificuldades. Algumas, enfim, conseguiram, viraram lendas. Outras, já são reconhecidas heroínas.

Porém, ainda é a maioria masculina que elabora as leis, e muitas apenas sobrevivem exclusivamente em forma de promessas em momentos de clamor popular, e enquanto esse clamor é sentido. Deveriam ser cumpridas, executadas, garantidas. E, se cumpridas fossem, deveriam o ser naturalmente, sem tantos embustes que eleições após eleições ainda assistimos, atropelando a Constituição Federal.

Aumento da participação feminina nos parlamentos? Ainda somos um país entre os que menosprezam a busca pelo equilíbrio na política. Não dá outra: acaba a apuração e constatamos que várias das mulheres candidatas não tiveram nenhum voto. Zero. Ou seja, nem elas votaram nelas. Aliás, até porque muitas vezes no país dos absurdos nem elas próprias sabiam que eram "candidatas"; usadas como "laranjas", tiveram seus nomes colocados em listas entregues aos tribunais eleitorais para cumprir tabela, a legislação que só existe porque está escrita em alguns papéis, para conseguir verbas do Fundo Partidário. Todo ano eleitoral acontece. Acompanhamos.

Até que foi tentado, mas não adiantou. O formato das eleições e a fiscalização eleitoral deixaram mais uma vez a desejar.

O Supremo Tribunal Federal (STF) derrubou, em março de 2018, a regra que anteriormente estabelecia um limite mínimo de 5% e máximo de 15% do montante do Fundo Partidário para o financiamento de campanhas eleitorais de mulheres. Por maioria de votos, os ministros fixaram uma nova regra pela qual os partidos passaram a ser obrigados a destinar, no mínimo, 30% dos recursos do fundo destinados às campanhas de candidatura de mulheres. O novo percentual equivale ao mínimo de participação feminina (30%) exigido pela Lei das Eleições (Lei 9.504/97) nas campanhas de cada partido ou coligação. Se a participação de mulheres na campanha for superior a 30%, os recursos destinados à campanha delas também devem acompanhar. Mas os partidos sempre dão um jeitinho de burlar a lei.

Para demonstrar de forma clara como caminha lenta a política nacional, um bom exemplo é a existência de partidos que dizem explicitamente defender as mulheres, mas que quase não têm mulheres em seus quadros (dá para contá-las nos dedos). Eles apresentam lideranças assumidamente fisiológicas e plataformas contrárias às conquistas femininas, atrasadas em relação ao que ainda precisa ser conquistado, como o direito à legalização do aborto, à proteção efetiva contra a violência doméstica e à liberdade de expressão.

"Ah, mas querem resolver". Falam em políticas públicas, escrevem linhas e linhas em seus programas. Aí criam as jabuticabas. É cota disso, cota daquilo, *"cotadinhas"* das mulheres.

A política e as decisões podem ser masculinas, mesmo quando rompemos barreiras e achamos que, enfim, avançaríamos. O que ocorreu até mesmo quando foi eleita uma mulher presidente, Dilma Rousseff, a primeira da história. Verdade seja dita.

A esquerda e a direita envolvem a condição feminina sempre no capítulo "social", não percebem bem as especificidades das demandas femininas, teimam em não reconhecer a importância das mulheres. Falar de "gênero" com eles causa pruridos. Começam a se coçar, mudar de assunto, fazer propagandas políticas nas quais mostram mulheres felizes com o que eles *não* propõem. Na hora das campanhas, ficam mais cordatos, tentam cooptar as mulheres, mas só nessa hora. Resultado: mais da metade da população brasileira ainda sendo usada muito mais para um marketing irreal, seja político ou comercial.

É verdade que há partidos mais "feministas" que outros, com mulheres em posições de comando. Se é que se pode chamar de feminista algo que deveria ser banal, comum: mulheres e homens em igualdade e acesso a essas posições. Mas tais posições não foram dadas, foram conquistadas, muitas vezes em outras épocas, nos tempos de clandestinidade, pela participação nas lutas contra as ditaduras. Participação contraditória, muitas vezes. Muitas mulheres se destacaram nessa luta, seja na liderança de movimentos e organizações, seja na defesa das famílias, quando denunciaram desaparecimentos, mortes, torturas, de seus filhos e netos. Também foram fundamentais na luta pela Anistia, com nomes destacados como a de Therezinha Zerbini (1928-2015), fundadora e líder do Movimento Feminino pela Anistia, em 1975 – esse movimento, ampliado, alcançou, em 1979, a anistia ampla, geral e irrestrita – e ainda refundadora do Partido Trabalhista Brasileiro (PTB). Porém, ao mesmo tempo, como já dito anteriormente, as mulheres se viram obrigadas a priorizar mais a luta política geral em detrimento de suas conquistas em temas essencialmente femininos, considerados, em determinado momento, como "diversionistas".

Mas foi a própria necessidade e situação de guerra, adversa, que mostrou aos grupos políticos o quanto as mulheres são capazes de enfrentar. No período mais obscuro da história recente, a Ditadura

Militar, a participação política das mulheres foi elevada. Como guerreiras ou companheiras, direto no *front* ou na retaguarda, as mulheres demonstraram o quanto poderiam ser fortes, corajosas, fiéis à causa e, inclusive, resistentes à dor infligida pela tortura.

Hoje, a consciência aumentou muito, assim como as opções para a integração. Ainda não massivamente numerosas, mas surgem pouco a pouco mais candidatas a cargos majoritários, e há partidos com plataformas e programas mais atraentes, diversificados, pautas abertas. Mulheres vêm se destacando no meio dos grupos, com olhar mais apurado para as causas sociais. Pelo menos quero crer que assim o seja.

Não há uma expressão exclusiva, mas mesmo mantendo-se integradas, se em maior número e representatividade, as mulheres poderão fazer diferença na implementação de projetos, ações, na liderança. Se se dirão ou se se autoproclamarão feministas, serão outros quinhentos, dados todos os motivos que viemos falando ao longo deste livro, do preconceito, dos clichês, do não entendimento do que significa o termo e sua adesão a ele.

Sem problemas, desde que captem a essência da luta por direitos e oportunidades iguais e saibam representar o que for fundamental. Repetindo: se é importante para a proteção e igualdade de condições das mulheres, o será para a sociedade como um todo.

Contudo, infelizmente, parte do movimento feminista ativista tem se esfacelado justamente aí nessa questão partidária. Não admitindo a possibilidade de união em torno de temas comuns nos quais se poderá contar com o apoio de mais setores.

A grande verdade é que não vivemos atrás de estudos teóricos, ideológicos, ou desses que dividem o mundo em *inteligentinhos* e ditadores. Temos, todos, de sobreviver a eles sempre.

Observo também que mulheres, mesmo não participando da política partidária, estão muito envolvidas na prática política. São colunistas, críticas, repórteres da área política. Repara. Na TV, sites, portais, rádios, jornais.

Ocorre, em contraponto, um grande desgosto. Algumas mulheres eleitas se autoproclamando contrárias não só ao feminismo, mas também a muitas de suas lutas evidentes. São algumas religiosas, outras apenas bobas, ou, ao contrário, se consideram muito espertas para se darem bem junto à maioria masculina que domina o poder.

Resumindo esta seção: para saber como bate o vento em nosso país, reveja os álbuns oficiais de fotos dos poderes aqui onde mulheres somam mais da metade da população. Precisamos de lupas para encontrar as representantes mulheres em todos os cantos. Procure onde estão, que cargos de alcance ocupam, entre os poucos concedidos. Conte. Perceba. Isso é desigualdade alarmante.

É inacreditável que ainda haja tão poucas mulheres nos centros de decisões públicas. Inacreditável mais ainda que muitas das que chegam ali envergonhem terrivelmente as outras.

MEXEU COM UMA, TEM DE MEXER COM TODAS

No Brasil, ocorrem inúmeras situações que clamam por maior esclarecimento e união, mas pouquíssimas manifestações populares, menos ainda de mulheres. Grande parte das mulheres já são feministas individualmente, apenas não se entendem assim por conta de todos os preconceitos grudados no termo. Falta que "feministem" oficialmente em manifestações coletivas, muito mais eficientes e capazes de causar impacto.

Hoje, no mercado de trabalho, alcançando resultados que pareciam impossíveis há poucas décadas, as mulheres – por mais simples que sejam – têm mais consciência de sua força especial. E, claro, atualmente há maior acesso aos canais de denúncia, à comunicação. Com essas e outras mudanças e com mulheres mais informadas e cientes de suas possibilidades, corpos e responsabilidades nas decisões, mantida a independência de forma alheia a dogmas religiosos e regras sociais retrógradas, será cada vez mais comum assistirmos a eclosão de uma força coesa e múltipla nas reivindicações específicas.

Essa força feminina já é visível, mas ainda um tanto represada. À medida que se desenvolve, também cria resistências, o que talvez explique o nosso grande número de casos de agressão, violência, feminicídios, assédio sexual e moral. Pode explicar também estarmos vivendo em um tempo de intensificação de ataques especialmente ao termo "feminismo".

Redes não governamentais de apoio, alarme e segurança para mulheres vítimas das variadas formas de violência podem obter resultados consistentes e duradouros. Novas leis de proteção vêm sendo sancionadas e surgem alternativas, há pressão para providências. Acabou o silêncio. Até literalmente. Com apitos distribuídos, mulheres se unem contra abusos em transportes públicos, chamando a atenção para os abusadores, para que sejam identificados e presos em flagrante. Juntas, denunciam instituições e estabelecimentos onde são assediadas e cujos proprietários não lhes oferecem apoio. Unidas, boicotam produtos vendidos em propagandas que consideram insultuosas.

Uma só andorinha não faz verão. O feminismo é uma revoada delas.

#NÃOÉNÃO, #*METOO*, #EUTAMBEM: CONTRA O ASSÉDIO SEXUAL

Foi, e de certa forma continua sendo, um burburinho o surgimento, em fins de 2017, do movimento #*metoo*, que, a partir da indústria norte-americana de cinema, formalizou centenas de denúncias de assédio sexual no meio. Inicialmente combinadas, atrizes vítimas de assédio não pouparam palavras, descrições detalhadas, minuciosas, nomes, em entrevistas esclarecedoras. Muitas se expuseram, em nome de todas. Acabaram ganhando o apoio de colegas do meio artístico. A repercussão causou uma avalanche de demissões de homens na área do entretenimento, esse mundo da fantasia; foram mais de 200 em pouquíssimo tempo.

O exemplo inspirou outras mulheres do planeta a contar suas próprias experiências, começando com "Eu também...". O movimento se espalhou. As atrizes haviam levantado não só a cortina do cinema, mas de situações que sempre ocorreram em todos os palcos profissionais. Surgiram também denúncias de casos de assédio sexual ocorridos há décadas, mas marcados como ferro nas mentes de quem os sofreu. Essas vítimas não deixaram que passasse em branco mais algum tempo, nenhum tempo. Encorajadas, tornaram-se mais fortes.

Não faltam, ou faltaram, no entanto, opiniões e comentários desairosos a quem se expôs, alguns indagando inclusive por que as vítimas haviam sofrido em silêncio e às vezes durante anos abusos de uma mesma pessoa. "Por que falar agora?", "Com que interesse falar agora?", "Por que estragar a vida de outra pessoa tantos anos depois?" ousaram perguntar, numa discussão em que, mais uma vez, a vítima se torna algoz. Pior, comentários que não vieram só de homens, mas de muitas mulheres (a coragem é sempre motivo de inveja, entre outros tantos sentimentos nem um pouco nobres).

De todo modo, foi um momento de grande importância para a discussão sobre os limites (o que é ou não "assédio"), sobre as cicatrizes e as punições. Debates são bem-vindos quando ajudam a iluminar outros ângulos, enriquecer as percepções. Alguns desdobramentos do caso estadunidense não deixam de ser interessantes, como a reação de atrizes e algumas celebridades francesas, de certa forma lideradas por Catherine Deneuve, que apontaram alguns excessos puritanos nas repercussões do movimento #*metoo*. Nas suas observações, as francesas disseram que estaria sendo criada uma criminalização para a paquera, o que afastaria e perturbaria os relacionamentos.

Essa opinião ganhou aplausos: as francesas conseguiram espaço, principalmente apoiadas, claro, imediatamente, por homens que haviam achado ruim o #*metoo* e adoraram ver mulheres se contrapondo umas às outras. Mas ganhou críticas: as francesas estariam apenas querendo dividir o palco com as estadunidenses na forte exposição na mídia que obtiveram, defender seus empregos no cinema ou simplesmente polemizar? Diferenças culturais entre Estados Unidos e França (e Brasil) também foram lembradas.

A verdade é que, a partir do encantado mundo do cinema, o que vimos em descoberto foi a coxia desse glamoroso espaço da arte. Nesse caso, a revelação de que mulheres lindas haviam sido apalpadas ou constrangidas por galãs ou produtores descritos como "sebosos" e "asquerosos", e de que muitas delas também conseguiram rejeitar isso, trouxe a todas as mulheres algum alento. Pelo menos enquanto o assunto esteve em pauta.

Aqui e ali surgem novas denúncias, e quando se trata de celebridades, conquistam espaço na mídia. Algumas envolvem o milionário mundo do futebol, DNA guardado durante dez anos em manchas de vestidos, acordos sigilosos de silêncio quebrados e, claro, também a chantagem, a busca de indenização financeira. Essa confusão entre poder, dinheiro, arrependimento, moral, autopromoção vira cortina de fumaça para o problema principal: o abuso sexual em suas muitas dimensões.

No Brasil se popularizou, especialmente entre as mais jovens, a expressão "Não é não". Durante o Carnaval e em outras festas e aglomerações, surgiram "carimbos" que muitas imprimiam em suas peles, orgulhosamente dizendo "*não* a tudo que não for de consentimento mútuo, que ambos queiram". "Não me beije à força". "Não me toque, não pegue nos meus cabelos, e se eu falar não, não insista: é não". Caso não respeitado esse parâmetro, será *assédio*.

De forma geral, pode-se considerar assédio sexual qualquer investida de conotação sexual, não aceitável e não solicitada. É assédio a oferta de favores sexuais e a busca de contatos físicos ou verbais feitos de forma hostil, ofensiva e imprópria; essa coerção verbal pode ser passageira ou ter duração mais prolongada – por exemplo, a repetição de piadas ou frases de conotação sexual, convites constantes para sair ou conversas impróprias de natureza sexual. Pode também ocorrer entre pessoas do mesmo sexo. Enfim, assédio é uma forma de violência; não é paquera, "cantada". Se causar qualquer tipo de constrangimento ou coação, é assédio. Há providências legais a serem tomadas contra os assediadores, sejam homens ou mulheres, que fique claro.

Uma mulher que foi assediada sexualmente pode –

e deve – registrar boletim de ocorrência em qualquer delegacia de polícia (preferencialmente, uma delegacia da mulher).

O Código Penal (CP, art. 216-A, *caput*) define o crime de assédio sexual no ambiente de trabalho: consiste no fato de "o agente constranger alguém com o intuito de obter vantagem ou favorecimento sexual, prevalecendo-se o agente de sua condição de superior hierárquico ou ascendência inerentes ao exercício de emprego, cargo ou função". O objeto jurídico do crime de assédio sexual é a liberdade sexual, relacionada ao ambiente de trabalho, no sentido de a vítima não ser importunada ou ser coagida por pessoas que se prevaleçam da sua condição de superior hierárquico ou de ascendência. As penas impostas, nesses casos do ambiente profissional, variam, levando em conta a idade da vítima, sua posição, a relação ao denunciado, se é parente. Por exemplo, a pena é aumentada em até um terço se a vítima for menor de 18 anos. Entretanto, se for menor de 14 anos, o crime passa a ser de estupro de vulnerável, e não de assédio sexual, e tem a pena aumentada mais ainda.

O crime de *assédio sexual* não se confunde com o de *assédio moral*. No *assédio sexual*, o constrangimento é dirigido à obtenção de vantagem ou favorecimento sexual. De acordo com especialistas, no *assédio moral* a conduta consiste em humilhar, constranger moralmente a vítima, colocá-la em situação vexatória. Além disso, o assédio moral não está tipificado no Direito Penal, seus casos continuam sendo da alçada do Direito Civil, Direito do Trabalho, Direito Administrativo. A não ser quando se torna ameaça associada a agressões físicas, se enquadrando, então, no Direito Penal como constrangimento ilegal ou ameaça (CP, arts. 146 e 147).

Em busca da igualdade no ambiente de trabalho, onde frequentemente ainda há abusos de toda sorte, as mulheres exigiram respeito e passaram a ser protegidas por uma lei específica.

Há também casos graves de assédio envolvendo líderes religiosos e fiéis, professores e alunas, entre outros que não configuram relações de trabalho.

Quando alguns deles foram denunciados, uma porta se abriu e, ao mesmo tempo, aqui no Brasil, ficamos boquiabertos com revelações de personagens tidos como "deuses e heróis" sendo acusados por centenas de mulheres, muitas abusadas sexualmente há dezenas de anos, mas que não podiam falar, temiam. Quem nelas acreditaria?

Casos envolvendo padres, pastores evangélicos e gurus religiosos, como o médium João de Deus, de Abadiânia (Goiás), denunciado e preso no final de 2018, mostraram outra face do terror e da dominação exercida sexualmente contra as mulheres. No caso de João de Deus, além de acusações de porte ilegal de armas, contrabando de pedras preciosas, uma investigação puxou outras, várias, incluindo coerção de testemunhas. Foram centenas de relatos, inclusive denúncias de que ele teria abusado também de crianças e adolescentes, que hoje, adultas e mais conscientes do que havia ocorrido à época, resolveram falar.

Na lei brasileira, havia um prazo de "decadência"; as vítimas de um crime sexual tinham apenas até seis meses corridos para denunciar às autoridades e solicitar que seus agressores fossem processados; processos de casos ocorridos há mais tempo, prescreviam. Essa aberração legal caiu. Deixou de existir apenas em 2018 (Lei 13.718 de 24 de setembro daquele ano), mas ainda continua valendo para crimes ocorridos antes dessa data. Pela nova lei, a *importunação sexual* deixou de ser *contravenção* e virou *crime*. Agora, a lei esclarece as várias formas e criminaliza os atos de importunação sexual. Criminaliza também a divulgação de cenas de estupro, nudez, sexo e pornografia, além de ampliar a pena para os casos de estupro. Outra novidade é que agora a ação penal é pública e incondicionada; ou seja, pode ser iniciada pelo Ministério Público, independentemente da vontade da vítima.

A data da nova lei coincidiu com o aniversário de 15 anos da Lei Maria da Penha. Uma grande vitória para as mulheres, vitória feminista.

O FEMINISMO
EM TEMPOS DIGITAIS

Graças às redes sociais, por meio das *hashtags* de denúncias de assédio, as mulheres puderam se mobilizar com ampla repercussão. Mas nem tudo são flores. Como agir nas redes, defendendo a igualdade entre homens e mulheres, sem perder nem magoar amigos, amigas, lendo tantas bobagens, brincadeiras machistas, e sem deixar de ser quem você é e de pensar como pensa? Ora, nada fácil, porque hoje as redes sociais são mesmo uma enorme sala de estar, mas onde estão muitas pessoas que você não convidaria nem para um café.

Mas como a gente não pode se fechar entre pessoas que pensam igual, é preciso agir com cuidado.

Durante os últimos anos, isso foi especialmente muito cruel. De repente, descobrimos – como muitos – verdadeiros inimigos muito perto de nós. Gente louca, revoltada, burra, e que usa expressões como *"feminazi"* para desqualificar qualquer coisa que possa dizer respeito à luta da mulher por qualquer direito.

Respire fundo. É preciso estabelecer um limite de sanidade, uma linha imaginária. Não entrar para bater boca com qualquer um que poste bobagens ou agressões machistas, mas também não admitir que entrem em seu perfil, páginas pessoais e profissionais ou *posts* para destilarem seus ódios, preconceitos.

Peça uma vez, gentilmente, que não o façam. Na segunda, decepe... Tchau, *bye-bye*.

Mas nem sempre você pode fazer isso, por motivos pessoais ou profissionais. O que fazer quando você descobre que aquela pessoa pela qual você tem certo apreço, que leva (ou levava) em consideração, que sempre foi "superlegal", se mostra "o horror" quando diz o que pensa (se é que pensa) com relação a assuntos de gênero? Pessoas que não param de postar ou, pior, mandar mensagens diretas para você com as maiores sandices misóginas, todas as *fake news* que encontraram pelo caminho e que alguém mandou "repassar sem dó"? Ou com aqueles argumentos energúmenos: "isso a Globo não mostra; divulgue antes que saia do ar" (que ar?). Pior, quando vêm com ofensas, ataques morais a figuras que admiramos justamente pelos mesmos motivos pelos quais estão ali sendo atacadas e com os quais concordamos totalmente?

Há várias opções: se fingir de morto,

mas com dedo no gatilho da tecla "excluir" para tirar logo aquilo da sua frente, do seu pedaço – porque nas redes sociais a gente precisa pensar que nossa página de perfil é nossa terra, uma propriedade que cuidamos, varremos, limpamos. Ou "pôr para dormir", o "soneca" que até as redes sociais propiciam. Outra: mandar uma simpática mensagem – também direta, interna, pedindo, por favor, que não enviem mais mensagens daquele tipo, sem grandes explicações, porque já vai ficar claro que você não pensa daquele jeito. Vão espernear, podem até te xingar e, "chateados", te excluírem. Pronto. Se livrou.

Muitas vezes, nem assim funciona. Nesse caso, antes do matar virtualmente de vez, bloquear. Pelo menos para ver se acaso a pessoa toma tento, cai em si, ou cai pra lá, bem longe.

As redes sociais têm obtido crescimento vertiginoso, especialmente a partir dos *smartphones*, esses aparelhinhos sem os quais ninguém mais

sabe viver, e onde vemos
as pessoas mergulhadas,
dia e noite, com o pescoço
baixo, quebrado, onde quer
que estejamos. O mundo está
caindo e cada vez mais pessoas
não percebem, de tão distraídas.
Andam pelas ruas, chegam a ser atropeladas, tropeçam e continuam ali como
que hipnotizadas. Estão nos carros guiando e
usando os aparelhos ao mesmo tempo, digitando
loucamente, colocando todo mundo em perigo. É
muito impressionante como, em poucos anos, nossas vidas todas foram sugadas ali para dentro.

    É difícil, pelo menos para quem tem vínculos com comunicação, lojas ou negócios, inclusive virtuais, manter suas redes mais fechadas, exclusivas, seletivas. Isso não deveria ser um problema, já que as redes são feitas para expandirmos os relacionamentos. Mas é: há assédio moral, assédio sexual e é muito frequente se encontrar achincalhes às mulheres, grande maioria tendo como referência de partida alguma tese acusada de "feminista". Ou algum específico
movimento internacional de mulheres que
chega aqui já massacrado, trazido com a
pior foto destacada, isso quando não
inventam uma montagem, associando um outro fato ocorrido,
alguma outra imagem. Basta
lembrar o que se fala sobre
as que decidiram deixar os

pelos pubianos, das pernas e axilas. As fotos são compartilhadas à exaustão e os comentários do mais baixo calão e nível.

Deixem os pelos em paz, para todos, mulheres, feministas ou não, homens, todos. Quem quiser que os crie, deixe crescer.

Até hoje não está claro por que tanto se associa "feminista" a pelos e invoca-se tanto com os sovacos femininos. Vale lembrar, diferente de associar "feminismo" à queima de sutiãs. Isso ainda tem um fundamento, por causa de um protesto importante contra a realização de um concurso de beleza, o Miss América, ocorrido em 1968, nos Estados Unidos. Naquele dia, as mulheres, conta-se que eram mais de 400, despiram, para mostrar seu real valor, o que seria, vamos dizer, *desnecessário*, como sapatos, sutiãs, cílios postiços, perucas. E tudo depuseram ao chão, como armas. Essa atitude atiçou um bom fogo na luta das mulheres. A ativista Betty Friedan é a cara mais conhecida que ficou do feminismo dessa época, e virou uma espécie de bruxa para os machistas e inimigos.

Por um lado, as redes sociais têm sido muito usadas e importantes na criação de vínculos, inclusive origem de muitos relacionamentos, encontros, namoro, sexo. Mas, por outro lado, também têm criado monstros: *hackers*, *haters*, chantagistas de imagem, anônimos que se dedicam a ataques virtuais, incitação ao ódio e à violência. Inclusive e muito contra as mulheres, especialmente às feministas declaradas ou mulheres que tenham posições mais claras sobre temas sensíveis. Há muitas delas que vivem constantemente ameaçadas.

Nada tira da cabeça que a internet, as redes sociais e de mensagens têm motivado, como gatilho, muitos crimes, por ciúmes de textos mal interpretados ou ainda pela simples tentativa de impedir que as mulheres assegurem sua individualidade, o sigilo de suas comunicações pessoais. Muitas mulheres também têm, claro, essa mania horrível de pedir senhas, bisbilhotar, mas a elas é negado ainda muitas vezes mais o direito de não fornecerem acesso e as senhas de seus equipamentos, o que cria minhocas e dúvidas na cabeça de seus companheiros. Cansamos de ver problemas ocorrerem por conta disso, o que é inadmissível e chega até ser ridículo em um mundo no qual prognosticamos igualdade de direitos e em que mulheres e homens precisam trabalhar juntos e, claro, se comunicarem cada vez mais livremente.

Lembre-se: o problema não está no feminismo. Homens e mulheres podem conviver, trabalhar juntos, ser amigos; mulheres e mulheres também, assim como homens e homens. E gays, e trans, e todos os gêneros, com todas as letras LGBTQIA+.

De qualquer forma, ficam as dicas: não se exponha mais do que o necessário; não confie em ninguém sem rosto; encontros de aplicativos de relacionamento só em lugares públicos e com alguém próximo avisado e orientado; não empreste nem mande dinheiro para nenhum galã ou mulher maravilhosa com quem por ventura tenha feito sexo virtual ou se apaixonado por foto, conversa, promessas e ilusões. A realidade é sempre mais cruel do que as imagens que aparecem publicadas; recorde sempre que "internet é terra de ninguém".

E, principalmente, lembre-se: não existem princesas e príncipes encantados, não adianta sair beijando rãs e sapos para testar transformação. Isso vale para todos os gêneros, orientações e preferências sexuais.

"MULHERES FORTES TRANSPIRAM"

Claro que você já deve ter visto a propaganda do desodorante que usa a imagem de mulheres "com cara de feministas", como assim devem ter pensado os publicitários que a idealizaram. O *slogan* é "Mulheres fortes transpiram".
Sério? Não diga!
Mulheres – fortes – estão na moda. Todas estão, porque o tema está mais pulsante. Com as mulheres alcançando maiores espaços, é bom não brincar em serviço.
Mulheres, falar das mulheres, e até promover sua igualdade, parece mesmo estar na prancheta dos publicitários. Isso é verdade. Mulheres realizadas, libertas, de sucesso passaram a ser mais admiradas, e daí foi um pulo para serem usadas para o marketing, para venderem produtos variados, de carros a perfumes, chegando até no desodorante com essa

descoberta absolutamente fantástica: mulheres transpiram. O "fortes" fica na conta deles. Porque óbvio que todas transpiram. A população transpira, vejam só. Eu transpiro, tu transpiras, elas e eles transpiram, nós transpiramos...

Os estereótipos, no entanto, pululam a olhos vistos nesse mundo. Mulheres negras aparecem agora por todos os cantos, chamadas "empoderadas", mas só se estiverem com seus cabelos naturais. Qualquer ação mais ousada é classificada como "empoderamento" – o desgaste da palavra, aplicada a torto e direito, especialmente pela publicidade, veio rápido.

As jovens escolhidas para os comerciais em geral têm tatuagens que, na cabeça dos criativos, deve querer dizer algo a mais do que imaginamos, além dos desenhos e rabiscos nos corpos. Ah, não esquecem as mulheres de "meia-idade", mas estas aparecem quase sempre da mesma forma: no cantinho, no final, caras de vitoriosas, leve e discreto sorriso, lindos cabelos grisalhos, porte atlético, e especialmente comedidas com roupas minimalistas em tons sóbrios. Assim são vistas as "mulheres realizadas". Um estereótipo atrás de outro.

Através da propaganda, em grande medida, os comportamentos continuam a ser encaminhados, represados, embora apareçam como algo novo e livre de amarras, sendo os produtos anunciados as forças capazes de abrir os grilhões, arrebentar as correntes que prendem as mulheres a um mundo menor. E acabam que as encaminha para uma espécie de curral quando definem tipos que podem ser aceitos como ideais: as negras atrevidas, as tatuadas moderninhas, as idosas vaidosas, as que têm cabelo encaracolado ou rasparam a cabeça. Ou as executivas arrogantes, sempre desenhadas com terninhos, *tailleurs*, sapatos de saltos *scarpins*, maquiagem *nude*. Clichês em cima de clichês.

Conheci uma executiva padrão livro de normas e etiquetas que obrigava a quem trabalhasse com ela, as mulheres em cargo inferior, a usarem torturantes meias calças de *nylon* e sapatos de salto, isso inclusive em pleno verão escaldante. Ela se deu muito bem na vida. Mas não tenho notícia de que as subordinadas, que usavam as tais meias, tenham alçado o mesmo progresso seguindo a cartilha.

Depois de muita pressão, a publicidade – que hoje, ao menos, pretende andar na linha do politicamente correto – deixou de usar o corpo da mulher como apelo sexual para vender produtos. Foi o fim de loiras magníficas e seminuas saindo de geladeiras para vender cervejas. Foi mesmo?

As mulheres ainda estão presentes na publicidade de forma bem discutível, ou como as "ciumentas", ou como as mulheres perfeitas, para quem são dirigidos produtos como os de limpeza doméstica, e até mesmo os de cuidados com bebês e crianças, como se fossem as únicas a usá-los ou comprá-los. Por outro lado, ainda são minoria em campanhas de montadoras de carros, como se não guiassem ou não decidissem as suas próprias compras, principalmente as relacionadas a itens de maior valor.

É bom que a publicidade perceba que, mostrar mulheres mais reais, já seria grande avanço; elas não precisarão aparecer desafiando ninguém. Poderão usar o desodorante que quiserem.

5 Convívio

SEPARAÇÃO
DE PAPÉIS

"Amor, o que é que tem para comer?", pergunta o marido quando chega do trabalho, cansado. Porque sempre que se fala de marido, repare, este está cansado, trabalhou o dia inteiro, e esperava da mulher em casa uma recepção com compreensão, alimentos, sossego, dizem.

Como se todas as mulheres estivessem à disposição, sempre. Essa é a regra geral. Talvez você aí já esteja acostumado com as conquistas que o feminismo conseguiu nas últimas décadas e não conheça mais ninguém que viva isso, mas saiba que essa ainda é a realidade maior: é a mulher que cuida da comida, da marmita, das lancheiras, da cozinha, das roupas, da limpeza, dos animais de estimação e dos próprios pais (ou sogros) quando eles, já idosos, necessitam de atenção.

"O que tem para comer? Eu!", responderia uma feminista brincalhona, indicando dois caminhos possíveis. O do quarto, para executar o que pensou, e o da cozinha, mandando o próprio se virar.

Manter um bom relacionamento conjugal dentro de uma casa é difícil para todo mundo, requer calibragem diária naquela balança de que já falamos anteriormente; há tarefas domésticas que precisam ser feitas (a roupa suja não vai se lavar sozinha...), papéis que precisam ser desempenhados (alguém tem que dar banho no bebê...). Antigamente, a divisão estava rigidamente estabelecida: havia as funções do homem e as da mulher. Porém, hoje, nesta modernidade em que vivemos, pode bem ser o contrário, e já achamos vários casos, muito bem resolvidos: o pai que cuida dos filhos e da casa; a mãe é que tem expediente fora. Com o advento incrementado do *home-office*, os papéis familiares e as tarefas domésticas vêm sendo redistribuídos com enorme velocidade. Novos tempos, novas decisões, novas arrumações, novas divisões. Idealmente, mais que regras preestabelecidas, importa mais a personalidade, a capacidade e o talento de cada um para desempenhar essa ou aquela função, sem é claro que alguém fique sobrecarregado com dupla jornada de trabalho (e que às vezes chega à tripla jornada) contra a qual as feministas obviamente desde sempre se movimentaram. O que não dá mais certo é manter o passado que exigia da mulher trabalhar em casa, cuidar dos filhos e ainda servir, muitas vezes obrigada, como fonte de descarrego sexual do companheiro ou cônjuge.

O feminismo, de forma até imperceptível, mais suave, fará cada vez mais parte das famílias já formadas, as tradicionais, e das que se criam com novas estruturas, com mais possibilidades e complexidades. Casamento, filhos, vida doméstica, profissional, capacidade intelectual, valores morais, valores financeiros, sucesso, sexualidade, família, lazer, liberdade individual – é uma massa que acompanha e se busca acomodar ao menos confortavelmente dentro do espaço de todas as relações. Nem sempre com sucesso. Porque as mulheres há muito tempo são criadas – ou melhor, são bastante, digamos, influenciadas – para dar conta sozinhas de todo um lado que chamaremos aqui de "doméstico". Para serem eficientes e prendadas. E dificilmente encontram quem se ofereça – sim, quem simplesmente se ofereça – para dividir as tarefas do lar. As mulheres costumam, às vezes, puxar para si e ter orgulho de dar conta de tudo e acabam dando aos outros essa folga. Até que um dia, quando resolvem ceder uns nacos, a situação pode ferver. Tarde. *"Você disse que não precisava."*

É quando dizem *"Virou feminista!"*, com ênfase, jogado na cara, e que pode equivaler a um xingamento. Ou algum chororô, tipo *"Você não liga para mim, só pensa em você."*

Nas relações homossexuais femininas, tendo a acreditar – mas estou aberta a rever essa posição – que as coisas possam ser um pouco mais equilibradas (ainda acho que mulher entende melhor outra mulher...), embora costume observar, mesmo em várias destas, a distribuição de dois papeizinhos, um escrito *homem*; no outro, *mulher*, o que reproduz a sociedade tradicional. O mesmo se observa em muitas relações homossexuais masculinas, em que ainda é difícil escapar do que foi por tanto tempo a norma social: um fica, o outro vai; um é mais dedicado ao lar, outro à carreira...

A questão é que repensar os papéis tradicionais não é tão comum e nem tão fácil. Mulheres independentes ainda assustam. Sejamos sinceros para admitir. Pior ainda quando viram independentes no meio do caminho de suas vidas, quando, depois de tempos de submissão, acabam descobrindo a própria força. A reação enfrentada pode ser descomunal.

E para encontrar alguém? Elas têm de pôr disfarce no seu feminismo? Uma peruquinha? Mostrarem-se mais suaves?

O feminismo tem costas largas. Embora seja mesmo o motor da revolução de mudança do comportamento das mulheres ao longo da história, ainda enfrenta resistência e demora a se estabelecer com tranquilidade nas relações interpessoais.

A CRIANÇA FEMINISTA

Tem criança que parece que "nasce" feminista. Você já deve ter conhecido alguma. É aquela menina curiosa, que não se limita aos velhos estereótipos, que gosta de boneca e bola, de boneca e carrinho, de esportes, que tem vontade de jogar futebol, espírito de aventura. Não vê diferença entre amiguinhos e amiguinhas. É aquele menino que lida com o sexo oposto com tranquilidade, e, desde tenra idade, não segue os tais papéis determinados, as exclusividades de azul e rosa, o "clube do Bolinha". Algumas crianças o são naturalmente. Outras evoluem em famílias mais conscientes, sendo educadas desde cedo dessa forma. Se não, tolhidas, crescendo em lares que assistem diariamente à luta de sexos, podem virar adultos bem pouco sadios.

Mas quem sabe se, com o tempo, o comportamento positivo não se torne atávico? Se passarmos mais uma, duas gerações, cultivando a cultura da igualdade, ela própria possa se tornar mais real. Meninas e meninos se espelham muito no que veem dentro de suas casas, nos adultos próximos. Com o progresso da sociedade, com boa educação, novos padrões culturais e até pela necessidade de sobrevivência, veremos surgir pessoas mais completas, hábeis, estáveis. Que possam construir, enfim, um mundo equilibrado e com maior liberdade.

Antes, não havia tanta abertura e diálogo entre pais e filhos como hoje, quando é comum encontrar crianças negociando seus espaços e quando há tanta informação disponível ao alcance. Cada vez mais nos impressionam essas novas gerações cheias de si – serão mais rápidas em encontrar seus caminhos? Com certeza, sem a imposição de limites, mais capacidades serão reveladas.

As crianças hoje estão mais diretas, enxergam o mundo por novas vias e estão prontas a questionar os vários porquês que nós, antes, deixávamos para trás sem respostas. Gerações que chegam ensinando. Inclusive divisão de tarefas, sem preconceitos. Um casal gay com um filho adotado, agora com 6 anos de idade, comentava sobre a rapidez de entendimento da criança a respeito da situação da família, da sinceridade dos sentimentos e, na exposição destes com perguntas diretas, sem rodeios, o que obrigou os pais a aprenderem com o filho como agir em suas vidas de adultos.

Hoje, as crianças estão em lares bem diversificados, chegam por métodos variados de concepção, de adoção. Novas famílias, novas formações. Conhecem relações diferentes, estáveis ou não. Seus exemplos de conduta podem variar desde o protesto de não querer para si o que não acham justo, como rapidamente aprender a conduzir suas vidas de forma mais leve e livre.

A DONA DE CASA FEMINISTA

Pode existir? Claro que pode. Principalmente se ela conseguir um tempo para se olhar no espelho. Se ela ainda não conseguiu chegar lá, é outra história.

Há o hábito de dizer que só é feminista quem é independente economicamente, quem trabalha fora. O trabalho da dona de casa – uma das profissões ou ocupações mais importantes e nobres, porque requer muita dedicação e competência acima da média – é historicamente desprezado. Não deveria ser. Além disso, qualquer mãe dentro do lar pode criar filhos mais livres. Qualquer mulher em um relacionamento conjugal pode estabelecer relações mais justas com seu companheiro. Qualquer cidadã, independentemente de sua ocupação, pode atuar politicamente e até chegar a ser uma líder.

A dona de casa não é maior ou menor do que qualquer mulher. (Vejo, mesmo entre feministas, algum ranço contra aquela "do lar"). A mulher pode sim não querer trabalhar fora, não se importar em depender financeiramente de alguém, e mesmo assim saber exatamente quem é, seu papel no mundo e como fazer para torná-lo melhor para si, para seus dependentes, para as próximas gerações.

Uma mulher pode muito bem – e se, com essas sucessivas crises econômicas, conseguir continuar assim, tem de comemorar – não querer viver de salário. O que não precisa é parar de evoluir. Pode, inclusive, comandando uma casa, uma família, aplicar as máximas feministas de direitos iguais, justiça, salários adequados, tratamento justo aos seus funcionários e funcionárias e toda a comunidade. Pode se dedicar a trabalhos voluntários, sempre tão necessários. Se forem ligados à mulher, e tantas precisam de ajuda solidária, será também uma ativista da causa. O importante será buscar não se isolar em hipótese alguma. Sempre poderá haver quem a queira dentro de uma redoma, o "lar", dizendo que ela não precisa de nada mais.

O mundo todo se atualizando, não cabe mais ficar dividindo "isso pode, isso não pode". "Isso é de mulher"; "isso é de homem". Se era cultura, mudemos a cultura.

Há um conceito muito em voga, a "sororidade", palavra que vem do latim *"sóror"*, irmã; trata da ideia de irmandade entre as mulheres, e consiste no entendimento e não julgamento prévio entre elas próprias, o que muitas vezes não ocorre por estereótipos e preconceitos. Seria uma união, uma aliança entre as mulheres, o que se pretende pôr em prática naturalmente na construção da sociedade e seu futuro.

A "sororidade" seria uma espécie de versão feminina de *fraternidade*, essa advinda do latim *"frater"*, irmão. Ocorre que a sororidade e a fraternidade devem se complementar no que ambas têm de melhor.

A PROFISSIONAL FEMINISTA

As mulheres podem ser o que quiserem desde que se sintam capazes. Nada deve impedi-las. Essa é a parte que cabe ao feminismo proteger. Mas se formos ficar associando pioneirismo ao feminismo poderemos fazer ilações incorretas. As mulheres não passaram a dirigir aviões, caminhões, tratores, ônibus porque eram feministas, mas sim porque se sentiram aptas a exercer essas funções tão bem ou até melhor que qualquer homem. Assim como qualquer nova atividade em que ingressem, quando anunciada, faz todos abrirem a boca espantados. Vira notícia. Ainda hoje, mulheres são notícia especial quando alçam voos diferentes. Por muito tempo ainda será assim, até porque há muitas atividades ainda a serem desbravadas.

Sempre terá alguma *primeira mulher* a fazer algo, conquistar, empreender, participar, liderar. Que ela será mais notada, isso é certo. Terá de ser melhor, porque sempre estarão esperando que cometa um erro.
Vão negar que ocorre isso?
Vão. Mas ocorre.

As mulheres sempre terão mais dificuldade no ambiente de trabalho? Ainda por um bom tempo, sim, embora pareça estar melhorando. Muito tempo de dominação, de chefias exclusivamente masculinas, de falta de convívio com mulheres leva a situações esdrúxulas, que vão desde a ausência de banheiros femininos no ambiente de trabalho como ao crescente número de denúncias de abuso sexual ou assédio sexual. Em todos os níveis hierárquicos, sociais e profissões.

As mulheres, no entanto, não mais se calam ou deixam de tentar mudar. Chegam e ocupam os espaços. Sempre haverá uma primeira mulher a romper algum casulo.

AS JOVENS "MODERNAS" E "DESCOLADAS"

"Modernas" e "descoladas", não caiam nessas de dizer que vocês não precisam de feminismo.

Conheci outro dia um livro até interessante e bem-humorado. Duas personagens mulheres jovens, amigas, bonitas, uma casada, outra solteira, daquelas que parecem invejáveis, pois trabalham no "maravilhoso mundo da TV e da moda". Não vou citar aqui o título do livro, que menciono apenas porque algumas coisas chamam a atenção, especialmente nos capítulos referentes a "como sobreviver ainda solteira" na sociedade na qual mulher só é considerada completa se for casada e com filhos, um drama bem conhecido. O livro manda bem no humor, nas dicas brincalhonas, e até estapafúrdias, para fugir das situações nas quais são colocadas as mulheres solteiras, sempre olhadas com o rabo do olho. Mas mesmo assim ficou um gostinho de "faça-isso-até-casar". E que seja rápido. O "sonho". Para ser "normal".

Será? Existe apenas um modo de vida satisfatório para todas?

Cada vez mais conhecemos novas formas e estruturas familiares. Cada vez mais conhecemos mulheres diferentes, revolucionárias, algumas em costumes; outras, em suas artes.

Aí virou moda a palavra "empoderamento". "Empoderar" é um verbo que se refere ao ato de dar ou conceder poder para si próprio ou para outrem. E é termo que fica por aí, correndo atrás de se colar ao feminismo e às feministas, muitas que inclusive o recebem bem e o usam a cada frase. Mas virou arroz de festa. Ficou rapidamente estigmatizado pela apropriação exaustiva pela publicidade.

A palavra "sororidade", explicada anteriormente, é a mais nova companheira do "empoderamento". Sororidade para dar e vender. Principalmente vender. Mas, por favor, que não desgastem essa expressão também.

Demonizar o feminismo ou desprezar sua importância é não entender nada. É preciso constantemente lembrar aos mais jovens como era a vida até há pouquíssimo tempo. Tanto quanto precisamos infelizmente lembrar o que foi a escravidão da população negra. Só assim, talvez, mesclando informações do passado e planejando um futuro de igualdade e liberdade, possamos avançar.

Às mulheres guerreiras deste país.